最終版

大学教授になる方法

鷲田小彌太

言視舎

0▼はじめに

0・1▼大学教授に「才能」は必要か？

もちろん、大学教授には「才能」が必要だ。しかし「才能」とは何か？　自明なことではない。まずこれから語ろう。

1　**「才能」とは「多様」なものだ。**一般に「持って生まれた能力《ギフト》」(gift) という意味で使われる。だが、ずっと広い意味をもつ。

総じていえば、才能＝タレント (talent) ＝能力だ。「生得的な能力」もあれば、「後得的な能力」もある。

そして人間の能力（の総体）は、圧倒的に、生まれてのちに獲得したものからなる。たしかにリンゴの種からは、リンゴの実しかできない。でも生得的な能力とは種子で、リンゴの実は樹木にでき（な）る。わかりやすくいえば、生得的な能力と後得的な能力（総体）は、種子 (seed) に対する樹木 (tree) の関係なのだ。

では、大学教授の「才能」について語ろう。

2　**大学教授に最も必要な「才能」とは何か？**　いうまでもない。研究し教育する能力である。その圧倒的部分は、「努力」（efforts）によって獲得された、後得的なものだ。福沢諭吉『学問のすゝめ』の魅力、多くの人々を励まし、１００万部を超すベストセラーになったのは、自力＝努力＝学問すること＝勉強（industry）が、一人前の人間になり、一人立ちの国家（社会）になる根本条件であることを、掌を指すように示したことにある。

わたしが、「大学教授に資格はいらない。」「偏差値45～55でも大学教授になれる。」といった真意は、「努力」にこそある。そして、ひと当たり頭をめぐらせて、わたしが出会った大学教授の面々を思い起こしてみれば、圧倒的多数が「努力」の人であった。

3　同時に特記したいのは、いわゆる生得的な「才能」の持ち主にとっても、**大学教授は、かなりいい仕事だ**、ということだ。

かつて、親に資産のない者は、大学教授になることは難しい、たとえなっても全うできない、だから君を大学に残すことはできない、といわれた。大学教授には、自力で働かなくとも、研究と教育に没頭できる資産（金）と有閑（暇）が不可欠だとされたのだ。納得できる点もあるが、旧制大学でのことだ。

だが、1960~70年代以降、大学は変わった。大学教授も変わった。なによりもだれもが「なろうとして、なることができる」ようになった。大学教授も大衆の職業になったということだ。

だがエリートといわれる「偉才」たち、東大や早慶、ケンブリッジやハーバードを出るような高学歴者たちにとっても、大学教授はなかなか魅力ある職業、努力次第で大きな成果が期待できる職業になった。

なによりも、大学教授の評価は、仕遂げた成果、「業績」(works) に集約される。能力をだしさえすれば、排気量の大きなクルマと同じように、簡単にトップスピードに達し、距離をかせぐことは可能だ(ろう)。よろしく、大学教授の職場(戦場)で自在に活躍し、華々しい業績(戦果)を上げてほしい、と願うのはわたしばかりではあるまい。

4 さらにつけ加えたい。**20万人の大学教授のうち、その1割2万人が、その力にふさわしい成果を示せば、日本の大学が変わる。**日本が高度知識・技術社会にふさわしい進化を遂げる。

日本のエリート集団といわれる官僚《キャリア》は、組織第一の職能集団だ。対して、大学教授は自力第一《タレント》の集団だ。

官僚自身が自力でその組織を変えるのは、至難だ。対して、大学教授は、少数の個人技で大学全体を変えることが可能な、高度な知的技術者集団で、ほとんど唯一の高度な知識技術者養成集団だ。

大学教授が自己変革すれば、大学が変わる。大学が変われば、日本が変わる。一流大学生やその出身者にも、彼らにふさわしい能力を発揮するチャンスの場として、大学教授職(job)があることを、訴えたい。

0・2▼21世紀も、大学教授はすてきな仕事だ

1　戦国期から江戸初期にかけての数世紀、「暗黒時代」と長いあいだ記されてきた。たしかに、覇権をめぐって「群雄」が割拠し、100万余にのぼる「雑兵」が命を的に戦った時代だ。戦火が絶えなかった。だが日本史上、もっとも活気に満ちた世紀であった。生産と技術の力量が高まり、労働市場（雇用）が拡大し、各地に学知と文化が花開いた。

21世紀の大学教授職をめぐる労働市場の変化は、戦国期が終わった江戸初期とよく似ている。「バブル」は終わったが、大学教授という職業（労働市場）は、より自由にな

り、その数量も着実に拡大し、新しい学芸知（arts and sciences）の登場が要請されている。これは**世に流布されている大学ならびに大学教授のイメージと、あまりにもかけ離れている**のではないだろうか？　いまあらためて「大学教授になる方法」を、「最終版」と銘打って書こうとする、最初の理由だ。

２　ドルと英語を世界標準《グローバル・スタンダード》とする社会がはじまった。この中で、この世界標準に適応不全の国の筆頭に、日本がいる、といわれる。ひとまず「肯定」しよう。事実だからだ。

３　しかし、日本と日本人の能力は、ドルと英語に組み敷かれたまま停滞を余儀なくされるのか。この停滞を脱する鍵は、日本人の資質と能力を高める稼業（work）に携わる、大学教授の量的拡大と質的進化を必要とする。

わたしは、東大生、中大生、そして札大生、三重短大生も一段と発憤して、大学教授を目指してほしい、大学という場で奮戦してほしい、と強く願って、本書を書いた。

0・3▼『大学教授になる方法』から25年

『大学教授になる方法』（１９９１）の「おわり」＝「21世紀における大学教授」でこう書いた。

〈21世紀がまじかに迫っている。どんな事態が生じるか、簡単には予測できない。こと大学に限っていえば、18歳年齢人口が減少期をむかえ、倒産する大学が生まれる、といわれている。この大学の「冬の時代」に教員も失業する。大学教授の未来は明るくない、ということになる。本書の前提が崩れることになる。

しかし、予測は、あくまで予測である。正確には、大学「冬の時代」の予測は、将来の傾向の一要素であるにすぎない。高度産業時代、情報化時代、「労働」よりも「非労働」の方が、人間が生きる意味のうえで比重を大きくする傾向は、変わらない。つまり「モラトリアム時代」は続くということだ。人生における「教育」――「生涯教育」とさえいわれてきている――の比重が大きくなるということだ。

もちろん、大学は、大きく様変わりするかもしれない。教員も、様変わりを迫られるであろう。しかし、それは「モラトリアム時代」に逆行するような形での様変わりではない、ということは断言してよい。それに、たとえ人口減があったとしても、学生の総量も、教員の総量も、大学の機能も、小さくなるとは考えられないのである。

私は、大学は、未だ、エリート養成の大学から大衆大学へといたる過渡期を完了していない、と考えている。学生の方は、ほぼこの過程を完了しつつあるといってもよい、しかし、大学の組織や機能、とりわけ大学教員は、この過渡期のなかでもがいているというのが現状なのである。

大衆大学への変貌を否定的にのみ見るのは、論外である。西部邁がいったように、大学教員という「専門」人は大衆の原形である。私は、西部とは違って、それでよいと思っている。精神的貴族になりたい人はなればよいが、そんなことは希なのであって、希なことを大衆（多数）教育のなかにもらこむのは、邪道なのだ。問題は、大衆にしかすぎない大学教授が、精神的貴族ぶっていることにこそある。これこそ、笑うべきことなのだ。人学教員が、知的エリートたらんとすることを否定したいわけではない。しかし、ほとんど不可能に近いことを要求するに似ている。

さらに、大学生に、知的エリートたることを要求するような教育を行なうことは、特別な大学、学部、講座でないかぎり、時代錯誤である、といいたい。そんなことを今日の大衆大学で行なえると思う方がどうかしている。

しかし、今日の大学の研究も教育も、水増しで、程度が落ちている、落ちていてもいいのだ等と主張したいのではない。学生の質が落ちたといいたいのでもない。少なくとも、わたしたちが大学に入った、しかも、それほど大衆化の波に襲われていない60年代前半の大学よりも、大学の知的程度は落ちていない（これはまた別な主題になるから、ここでは指摘するにとどめておこう）。

それにしても、こんな本を書いたり、こんな程度のことをいうのは、おおいに志の低いことではある。しかし、「教育」に志をもちこまないというのも、過去の歴史から学んだ知恵なのだ。「技術」の伴わない「志」ほど恐ろしいものはない。

私は、21世紀などを目して、本書を書こうとしたのではない。しかし、大学教授という職業は、21世紀においても有望な職業の一つであり続けるということは、いっておかなければならないだろう。よろしく準備して、大学教員をめざす人が増えることを願っている。そのことが、つまり自由競争のもとで、多くの人がこの職業をめざすことが、とりもなおさず、大学教員の「質」を向上させる結果を産むであろう。〉（全文だ。ただし、「である」を連発する私癖を訂正した。）

訂正が必要だろうか？　ない、と断じたい。

最終版　大学教授になる方法　目次

I　大学教授は、どんな時代にも、必要不可欠だ

「情報」の時代だ。大学教授になるというのは、「知」(sciences)と「技術」(arts)の世界に参入することでもある。まず、大学と大学教授をめぐる正確《リアル》な「情報」をキャッチすることが重要だ。

ただあらかじめ断っておけば、大学教授になるのは、野球やフィギュアスケートをはじめた子が、大谷翔平や浅田真央になりたい、というのとわけが違う。この子たちは、幼童や初心者の「夢」を口にしているわけで、少しも間違っていないのだ。

対して、大学教授は、文字通り「プロ」(プロフェサー)だが、稀少な職業ではない。特殊《スペシャル》かも知れないが、総数が20万人にもなろうというプロ「集団」=「大衆」(多数)なのだ。

プラトンや孔子以来、２５００年近く続いてきたという意味で、伝統ある職業（仕事）だ。だが、現在、大学は万人が行く学校である。そこで教え研究する大学教授は、エリート集団ではなく、ごく普通の職業集団のひとつになった。この点で、東大教授であるか三重短大教授であるかに、少しも変わりはない。

1▼大学は「冬の時代」だって？

1・1▼〈数字は語る1〉　大学は「冬期」でも「氷河期」でもなかった

1　21世紀に入って、「大学、冬の時代」だ、崩壊、リストラ、倒産、過疎、限界の嵐のなかで喘いでいる。こういう世評が蔓延している。

追い打ちをかけるように、不可逆的な少子化の波が襲っている。どんどん受験者が減ってゆく。「氷河期」に向かっているのは明らかだ。こういう「世論」がまかり通っている。

そんななか、「倒産」のない国公立大や大手・有名銘柄私大は別として、斜陽の群小・弱小大学に職を求めるなんて、まともじゃない。「泥船」に乗るに等しい。こう、着実第一の人生経路を歩もうという人たちに、思われがちだ。

それに日本は「人手不足」の時代に突入した。「バブル期」を超えた、といわれる。大卒も例外ではない。どうして、こんな就職絶好チャンス期に、就職を見合わせて、トレーニング期間が長い、大きな費用を要する、先行き不安の大学の教育・研究職などに向かう必要があるのか⁉

こういう印象で、大学や大学教授の現在ならびにその将来をイメージする人がいる（にちがいない）。その数も決して少なくない（だろう）。大学関係者にもいるし、ジャーナリズムでは主流になっている。

2　1970年以降、日本の大学は「バブル」期を迎えた。進学率が高まり、大学の定員数が増え、なによりも日本が本格的に高度な知識や技術を必要とする社会に突入した。高度教育社会に転じたのだ。大学志望者が大量に「大学」へ押し寄せた。この傾向は、1990年代まで、基本的には変わらなかった。

大部分の大学は、押し寄せる学生を「収容」する「施設《キャンパス》」の拡大に大わらわで、教育・研究の質を充実する、とりわけ大学教授の知と技術の質を高めることにまで手が回らなかった、というべきだろう。この時期、日本の大学は、その「規模」を急激に拡大した時期にあたる。「濡れ手で粟」のビジネスチャンスの時期だったのだ。

しかしこれは大学だけにかぎった現象ではなかった。日本社会が1960年代以降、70年代にオイルショック等で一時「停滞」があったとはいえ、かなり荒っぽい拡大・拡張期で、その頂点が、80年代の「バブル」期だ。「ジャパン・アズ・ナンバーワン」(エズラ・ヴォーゲル 1979)だといわれ、また日本・日本人もそれに酔っていたといっていい。
3 ただし、大学は、日本社会の本流より10〜15年遅れて、バブル期を迎えた。基本は、大学進学を迎える20歳前後の青少年の人口増と重なったことだ。
18歳人口数の最初の頂点が66年(249万人=団塊の世代)であった。だがこのとき「バブル」は生じていない。進学率(11・8%)が低かったからだ。第2の頂点が92年(205万人=団塊の世代の子ども世代)で、以降、18歳人口の減少(15年=120万人)を進学率の上昇(92年26%→15年:52%)でカバーし、2016年まで、進学者数は、多少の起伏はあったが、なだらかに増加(54→62万人)してきたのだ。

したがって、少なくともこれまで大学が招いた「倒産」、「リストラ」は、「バブル期」がおわり「平時期」へと移行した正常状況で生じたのだ、と摑まえる必要がある。**倒産は不況の結果ではなく、経営の失敗によって生じた**、というようにだ。

大学は、過去も現在も、「冬の時代」ではなかったし、断じて「氷河期」ではない。こう確言できる。

1・2▼定員割れ・廃校・限界大学の本当の意味

△定員割れ

1　2016年度、「私立大学の定員割れ、44・5％」という見出しが躍った。この数字だけから判断すれば、半数近くの大学が、存続の「危機」を迎えている、と思えるかも知れない。

だが、この数字に、16年度、私学の総定員467万525人に対し、入学者488万209人を重ねてみるといい。えっ、「定員割れ」って何なのだ、と驚かれるだろう。

これは「定員」枠のマジックなのだ。日本はアメリカと違って、各大学に対して国（文科省）の定員割り当て（規制）がある。この定員枠をおおきく「＋」あるいは「－」に超えると、私学助成金を減じられる。したがって、「定員」枠は、私学経営（ビジネス）にとって非常に大きな「しばり」（附罰則）なのだ。

2　短大は、たしかに16年度、定員62万2464人に対し、入学57万7951人だから、総体的にみれば、「存続の危機」といわれかねない事態が続いている。これも「定員枠」の問題であって、短大の存在理由（価値）が稀薄になったことを意味しない。

学校基本法、修学期間2～3年で「深く専門の学芸を教授研究し、職業又は実際生活に必要な能力を育成する」という独自な設置目的（四大や専門・専修学校に代替・解消できない）は、厳然として生きている。

3　なお、大学バブル期、定員枠を過剰に超える（最大で2～3倍）入学者を収容する大学が現れた。当然、国の助成金をえることができなかったが、「入学金・授業料＋X」＝収入のほうにうまみがあったからだ。こういう「営業」策は、もちろんバブルがはじけた「平時」には不可能になった。全部が助成金頼みに傾斜する。

△廃校＝倒産

1　大学は純然たるビジネス（自由市場）ではない。設立基準があり、「定員」割り当て（補助）がある。とはいえ、どの大学に入るかは、学生各自の自由（競争）である。

2　だが、ときに、「犯罪」まがいのケースがある。留学生に修学のチャンスを与えるという「目的」を掲げながら、外国人の「在籍」と「授業」は形だけで、就業（不法就労）を黙認・奨励する大学まで現れ、廃校（処分）となった（酒田短期大学　01年）。

3　どんな事業も、目算外れが生じる。大学も例外ではない。受験も入学も、学生の自由意志（自由競争）だ。志願（入学）者が過小で、学費等（+助成金　定員枠を大きく下回ると助成は減額・停止）では維持に必要な「経費」を大幅にまかなえない。赤字が続けば、存続は不可能になる。

このケースは、大学「バブル期」にも生じた。いな、バブル期だからこそ、「安かろう・悪かろう」でも志願・入学者がある、という思惑が、失敗を招いた、というべきだろう。文科省も定員枠もないアメリカの私大が、毎年、5%を超える廃校があるのに対し、日本での廃校は稀の稀なケースなのだ。

△**「限界大学」**

1　小川洋『消えゆく「限界大学」』（白水社　2016）は、定員割れが続く弱小私大の構造的欠陥を、「短大問題」に焦点を当てて論じた。要約する。

短大は戦後の新制大発足期から深刻な問題、大学「未満」、専門学校の「延長」という制度的欠陥を抱えてきた。ところが大学進学者数が急増し、短大は「安直」に四大に昇格する好機を迎えた。形だけの四年制大が膨大な余剰金を手にできた。大学バブルだ。だが少子化到来である。定員割れの弱小私大が残る。その最大欠陥は、大学の質的向上をないがしろにし、入学者増に狂奔した、大学人としてふさわしくない、経営者（理事長等）の儲《もう》け主義や「昇格」への名誉欲にある。もちろん、少数の「成功」例、質的充実を図った武蔵女短（札幌）や目白大（東京）等はある。参照すべきだ。

2　コメント。たしかに、これは深刻な事実だ。だが強大大学もバブル期に狂奔した。早・慶・立・明・近・関・立命を頂点に、「環境」「情報」「国際」などを冠した（だけの）学部を新・増設し、定員・入学者増に走る。しかも大学バブル期以前は、過半の私学が慢性的な「定員割れ」だったのだ。

3　問題の核心は文科省が許認可する「定員」枠にこそある。「定員」には国から予算や助成金がつく。日本の大学が、アメリカと違って、「潰《つぶ》れ」ない（にくい）理由だ。こういう視点をつけ加えないと、日本の大学は理解できない。

「限界大学」という規定《ことば》に、過疎地（「限界集落」）に生きてきたもの（わたし）として、本筋、違和感をおぼえる。日本最北の「限界」（過疎地）大学である稚内北星学園大（87年短大創設、00年大学＝情報メディア学部へ改組）は、ぜいぜいいいながらも、どっこい生きている。過疎地に腰を落ち着けて生きようとしている人たちと同じように、ぶざまに、みごとだ！　惨《ミゼラブル》めではない。

日本の大学は、国公立はもとより、私立も「潰れない」、「潰れにくい」、そこがむしろ「問題」の焦点なのだ。

1・3▼日本の大学進学率は高い？　高くない？

△大学進学率の比較

1　日本の大学進学率（短大以上）は、国際比較（OECD調査）でいうと、高くない。もっと高める必要がある。希望者全員に入学チャンスを与えるべきだ。こう、文科省を中心にいわれてきた。
逆だ。大学進学率の「高低」が問題なのではない。重要なのは、大学の教育・研究の実質をあげることだ。とりわけ高才能《ハイタレント》を育てなければならない。だれでも入学し、努力なしに卒業できる大学など、無用むしろ有害だ。進学率をこれ以上高める必要はない。「定員」を半減しても差し支えない。こういう声も、底流に強くある。（わたしは反対だが。）
2　大学進学率の国際比較（2015年）で見てみよう。
1位ギリシア（114％）、3位韓国（93％）で、アメリカ（85％：10位）をのぞけば、ドイツ（68％：33位）、フランス（64％：39位）、日本（63％：40位）、イタリア（62％：42位）、イギリス（56％：51位）と、先進国は比較すると高くない。

３　まず気づくのは、ギリシアの進学率が１００％を超えていることだ。そんな、と思える。トルコが２位で94％だ。驚異それとも詐欺、というしかない数字だ。ギリシア人やトルコ人は、すべて大学卒なのか？　こういわなければならないだろう。それはない、わたしの「実見」とははるかに異なる数字だ、といわざるをえない。

△数字のマジック!?

「数字」は、とりわけそれが国際（国別）比較の場合、無条件に信用するわけにはいかない（理由がある）。

１　債務超過で国家破産状態が続くギリシアが、大学進学率１１４％というのは、ありえないと思える。わたしの実感からも遠い。

だが「生涯」進学率の推定値である。数字の上だけでいえば、短大、四大、大学院（修士＝前期）、大学院（博士＝後期）の各学部を（転々と）渡り歩いたら、１人で最低、４学部進学（＝進学率４００％）したことになる。わたしでさえ、３００％の実行者だ。

２　最も注目すべきは、「進学」には、正規《フルタイム》と聴講生《パートタイム》の区別がないことだ。日本では、諸外国と違って、聴講生を進学者に算入しない（習慣がある）。
3　数字は、海外からの留学生（あるいは海外への留学生）を含んでいる。留学（受け入れ）大国のアメリカや、留学（輸出）大国の（おそらく）ギリシアやトルコの進学率が異常に高い理由だ（ろう）。
4　「大学」といっても、各国とも、大学・短大・専門学校等の種別を明確にしてはいない。アメリカの「短大」の大部分（1000校以上ある「コミュニティ・カレッジ」）は、実質、地域住民参加型の「講座」で、（住民には）「無料」、「日本のカルチャースクール」なみの内容が多い。もちろん、稀に、名門大に編入可能（「予備」校的性格のもの、たとえばサンタモニカカレッジ）などがある。
ただし、ギリシアやオーストラリア（90％：5位）の進学率の高さを軽視していい、といいたいのではない。逆に、日本の進学率の「低さ」を重大視する必要もないのだ。問題は内実にある。

△高度教育社会

進学率いかんの問題の中心は、日本では、別にある。
1　日本の大学教育は、小中高の教育がそうであるように、アベレージ（平均値を上げる）教育を中心課題にしてきた。結果、日本人の過半の知識と技術力の平準《レベル》、とりわけ均質さと勤勉さで、世界に誇ってもいい質を確保してきた。まさに「実学」の普及を教育の中心課題においた、「学問のすゝめ」（福沢諭吉）の基本理念で、日本と日本人の（政治・経済・文化・生活）水準をあげる推進力の源泉になった。

2　しかし、20世紀末の世界は、グローバリズム（世界レベルで競争する）高度知識技術社会に突入した。日本と日本人がこの世界で生き抜くには、一国の教育・研究「平準」を上げるだけでなく、世界競争で対抗できる高度な知識と技術の教育・研究開発「水準《スタンダード》」の向上が、好むと好まざるとにかかわらず、必要不可欠になった。

「なぜ一番でなければならないの？　二番ではどうして駄目なの？」などというセリフが、「無効」な世界にはいったということだ。

3　日本には、アメリカをはじめ他の先進国と同じように、高度知識・技術社会に必要な人材育成と研究成果が必須である。この点で、日本は、「後れを取っている」といっていい。まず、この現状を認める必要がある。

平準教育・研究の進化は、おおむね進学率の上昇でカバーできる。そのためのスタッフ（教授や職員や経営者）を強化する必要がある。

同時に、世界水準《グローバルスタンダード》教育・研究には、東大や京大の現状システムやスタッフでは不可能だ。別質のシステム（高等大学）とスタッフ（才能）が必要になる。

2▼日本と日本人の前進には、教授数の増加が不可欠だ

2・1▼〈数字は語る2〉　大学教授数は増え続けた

△「リストラ」とは、バブルのリストラのことだ

1　大学は〈冬の時代〉だ。〈リストラ〉だ。〈少子化〉だ。先が暗い。こういわれ続けてきた。事実か？　しかしその前に確認する必要がある。「リストラ」のことだ。

バブルがつぶれた。大学「バブル」は、10年遅くつぶれた。

しかも、「異常事態」になったのではない。「平常」に戻ったのだ（にすぎない）。とうぜんバブルの「処理」には、「リストラ」（restructuring）が必要だ。

そのリストラだが、文字通りには、「再構築」（立て直し）のことで、事業・人員「整理」だけでなく、再編成＝「増強」を含む。あたりまえのことだ。

2　「濡れ手に粟」のバブル期、「定員」枠さえ拡大すれば、よほど不正常な大学でないかぎり、じゃんじゃん学生は集まった。文科省は、志願者数の増加に、「臨時」定員増で

対応した。いずれ志願者数の増加が止まる、つまりはバブルがしぼむことを予測して、期間限定「臨時」の定員枠を認めたのだ。

これがまた「バブル」に拍車をかけた形になった。普通の大学は、抱えることができるだけの学生を「収容」し、「臨時定員」枠を「正規の定員」枠に変えるべく、さまざまな新学部・学科の増設をはかった。当時（現在でも）、〈情報〉・〈環境〉・〈福祉〉が「新」学部・学科の新銘柄《ブランド》名だった。

3　だが「バブル」（泡）は「いずれ」しぼむ。バブルの永続を夢見るビジネスも人生も、はじけ、泡と消える。大学（事業）も例外ではない。

必要不可欠なのが「リセット」だ。だが大学はもとより、ビジネスでも人生でも、これがむずかしい。リセット（reset）とは、「初期状態」あるいは「平時」への「復帰」を意味する。膨らんだビジネスを平常時に戻すことだ。このあたりまえのリストラに成功できなかった大学に、定員割れが生じた。経営不振に襲われた。

△数字が語る。大学教員数は増加した

1　バブルがつぶれ、平時に戻って、大学教員（教授）数は、減少したか？　まったく、いちども、しなかった。数字（文科省統計）は語る。09年（バブル崩壊）から16年の推移

だ。

09年教員（教授＋准教授＋専任講師＋助教・助手）数17万2039名→16年18万4248名、8年で約1万2000人、1年約1500人増だ。微増か？　そうかもしれない。だが、純増なのだ。
2　ところで（わたしが）「大学教授」という。「大学教員」とは書かない。なぜか？　職業に貴賤などない。大学「教員」（職種）は、採用時、どのランクであるかにかぎらず、よほどのことがない限り、「教授」になる。つまり「プロ」（プロフェサー）なのだ。
さらにいえば、「教授」が最終ランク（職位）である。学長であっても、教授でない人もいる。社会的には有名で、業績（works）のある人でも、プロなのに、「助手」で終わる人もいる。
3　バブル崩壊後、大学教授数、厳密にいえば、**「専任」教員が増えた理由**は、いくつかある。
⑴基本は、学生数が増えたことだ。

⑵教育サービスの「質」をあげるために、非常勤講師（授業）数を減らし、専任増で対応した。ただし専任増には補助増が付随するというウマミがある。

(3)期限付きで雇用する「特任」教授（准教授・講師）が増えた。バブル崩壊後、「特任」を、文科省が（設置基準に基づく）教授（専任）枠で承認（附補助金）するようになった。これも無視できない因子だ。それに企業等の寄付「講座《コース》」を担当するケース（教授）が増えた。

このほかに「客員」教授や「特命」教授がある。これは、非常勤（教授）（文科省の教授枠に入らない）で、雇用形態は（期限、待遇、給与、等々）千差万別だ。講義実体のないものから、「一日警察署長」のようなものまである。

いずれにしても、バブル崩壊後、大学は、多少にかかわらず、リストラをおこない、大学の刷新を図る努力をしてきたことは否定できない。

2・2▼「特需」がある

△「2018年問題」

(1)たしかに、2017年まで、18歳人口が減ってきたにもかかわらず、大学進学数は減少に転じなかった。微減だったことは事実だが、進学率の増大でカバーしたからだ。

(2)だが、進学率は、大学と専修学校等を合わせると、すでに80%を超えている。いちおうは、これ以上の拡大は難しい（といえるだろう）。

⑶18年には117万人になり、減少幅が大きくなり、24年には100万人を割る。目前の「難事」だ。

大学教授の雇用という点にしぼれば、この日本の人口動態、大学進学数の推移を無視するわけにはいかない。簡単に「大学教授になれ」などという声をかけることはできない。しかしだ。

△「2017年問題」——団塊「特需」

大学教授は「停年」がおよそ10年遅い。「就職」が10年遅れだから、一応つじつまが合う。

⑴かつて「2007年問題」がやかましくいわれたことがある。1947〜49年生まれの「団塊の世代」が、大量に退職していき、日本の前途に「危機」＝悪影響を及ぼす、というものだった。大枠は、杞憂に終わった。（わたしは全く心配していなかったが。）だがこの大量退職（再雇用）は、「特需」を含む、人材の新陳代謝運動でもあったのだ。

⑵大学で、大声で叫ばれていないが、すでに静かに進行しているのは、「17年問題」だ。大学教授の「大量」退職がはじまった。わたしの前勤務校でも、17年に10数人、1割強の

教授が退職している。この実情は、各大学でもあまり異ならない（だろう）。

しかもこの「新旧交代」劇は、「団塊の世代」だけのことではない。総じていえば、大学バブル期に就職した大量の教授が、どんどん退職しているのである。ポストが空いた・空くのだ。まさに「特需」とよぶべきような流れが生まれている。これを承知か⁉

(3)つまり大学教授のポストは、よほどのことがないかぎり、このままの定員枠でも、**2017年からおよそ30〜40年間、「需要」が続く安定期だ**、と予測できる。

これ以上、大学教授をめざす諸君にとって、朗報はないだろう。

△『大学教授になる方法』から25年

(1)大学バブル期のまっただなか、『大学教授になる方法』（1991）を書いた。よく売れ・読まれた。

「ハウ・ツー」本だ、「売れればいい」、「ざけんじゃない」等々、ずいぶんなことがいわれた。わたしは「正気」であった。自身、定職をもつのに苦労したからでもある。

しかし、なによりもいいたかったのは、「好きでこそ『学問』」、「好きでこそ、学び　教える」であった。その好きなものに専念し、それを仕事にして生きてみたら、という呼びかけであったのだ。好きだからこそ、毎日をフルタイムさながらに生きることができる、という人生スタイルの奨めである。

⑵おかげで、75歳まで、２６０冊余を出版し、10冊余の外国語（韓・中・台）訳書が出た。教授稼業の「副」産物だ。ただし、師の谷沢永一先生に倣ったにすぎない。

⑶それにいいのは、退職しても、朝起きると「仕事」があり、やることにこと欠かないことだ。なんだ、大学教授の毎日の「延長」に過ぎないではないか、といわれるかもしれない。その通りだ。

ただし、定年で、学生もいないし、講義等のノルマもない。だが、とてもいい。「タスク」（やるべきこと）がある。本書を、わたしは最後の仕事と思っているが、まだチャンスがあるかもしれない。準備だけは可能だ。つまり、まだ明日がありそうなのだ。

至福とはいわないが、まずはいい。まずまず、いい。

3▼大学教授こそ、実力本位

大学教授でいちばんいいのは、「実力」がよく見えることだ。

たとえ、学生や世間を欺くことができても、同僚や慧眼の士をだますことはできない。

実力といっても、見た目ではないし、漠然としたものでもない。「実績」（なにをやったか）で、「講義」と「論文」に端的に表れる。

3・1▼「学歴」ではない。実績だ

△東大出だって、高卒だって、実績しだい

1　東大出がもてはやされた時代があった

ド田舎に生まれた。息子が「東大」に入った、と触れ回ったおばさんがいた。事実は、「東京の大学」に入った、であった。１９６０年代までは、こういう笑えない話があった。

「東大出」を鼻にかけることができた時代があった。大学教授も例外ではない。だが、どこを出ようと、「実力」はすぐにわかる。これが大学教授の恐ろしいところであり、いい

ところでもある。

実力は、何でわかるか？「講義」を聞けばわかる。「論文」を読めば隠しようもない。講義や論文が、「あんちょこ」（虎の巻）を下敷きにしたものか、「剽窃」、「切り貼り」、「でたらめ」のたぐいか、否か、は歴然とする。

2　横並びだ

大学教授（専任）には、教授・准教授・講師・助教・助手のランクがある。しかしこれは、位階制ではない。警察官の「階級」、警視総監・警視監・警視長・警視正・警視・警部・警部補・巡査部長・巡査、の区分とは異なる。

ほとんどの大学で、ランクに「特権」はついてこない。基本的には、「教授会の構成員」であり、横並び、とみていい。

ただし「講座制」が残っている大学（国公立大の一部）では、教授が准教授や助教を推薦するケースがある。その場合も、教授会の承認をえなければならない。

3　「講義」のための研究

教授の最大の仕事（ノルマ）は、講義《レクチア》であり、演習《ゼミ》だ。まだ20代、非常勤《パート》講師時代の講義を思い出すことがある。冷や汗が出る。素人まるだしだった。

大学教授の最初で最大の仕事は、講義である。講義のために「研究」を行ないつづける。これが大学教授の「責務」だ。

たしかに研究のための研究がある。しかし、大学は研究所ではない。研究のための研究は、特殊な場合を除いて、講義のための研究の「延長上」にある。わたしはこう考え続けてきた。間違っていない（と思う）。

ただし、講義は、学生のためのものだ。かみ砕いて、だれにでもわかるように心がける必要がある。この点、研究書や論文とは異なる。

△「安住」はダメよ

1　「職」をえた。それでOK。

定職に就く、それが目的（ジ・エンド）、と思いたくなるような人がいる。少なくない。大学教授にもいる。多い。授業は「定番」、研究は「趣味」の省エネで、お茶を濁す。少なくない。これは、否、これこそ、困りものだ。

いちばん困るのは、学生だ（に違いない）。同じように、大学も困る。放し飼いにした鶏が、まったく卵を産まないからだ。鶏なら、肉にすることができるが、大学教授は定年まで餌を与え続けなければならない。

2　野生の動物だって、餌をとる必要がなくなれば、品性を欠く。「怠惰《レイジイ》」になる。毎日が日曜日になると、ときにおかしく《クレイジイ》になる。

大学教授は、毎日が日曜日（もどき）でもやってゆくことが可能だ。すばらしい！　だが、はき違えてはいけない。

近所の奥さん、わたしの妻に、「お宅の旦那さん、休日が多くて、いいですね」というそうだ。毎日が日曜日、だからフルタイム（1日24時間体制）で「仕事」にいそしむことができる。朝早く、目がぱっちり開いて、（ほぼ）頭はさわやかだ。その毎日の積み重ねが、「実績」を生む。そのほかではない。

ま、外見上は、これ、放し飼いの鶏ね、ということになるかも。

3　大学教授になろうというほどの人は、「勉強＝研究」ずきが多い（とひとまずいおう）。そのためにこそ、自由時間が与えられているともいえる。ところが、大学教授の大半は、本を読まない。とりわけ雑書（週刊誌のたぐいを指すのではない。専門外の本のこと）を読まないのだ。

本を読まない人に、もの（論文）を書く意欲がわかない、能力も生まれない。こう断じてもいい。たくさん読むからいいのでは、もちろん、ない。しかし相当多くを読まなければ、大学教授の「資格《クオリティ》」は身につかないのだ。

△教授はタレントだ

1　タレント

タレントというと、まず「芸人」を名指してしまう。間違いではない。
宮本武蔵（武芸者）も松尾芭蕉（俳諧師）も、「芸」を生業にする人で、芸者である。
この意味で、大学教授も「芸者」だ。

それに、学部＝教授団のことをファカルティ（faculty）というが、才能＝芸者《タレント》集団のことだ。大学教授は、この学部（学科）に属する。独立芸人ではない。

だから、大学教授になろうとするほどの人は、芸がなくてはならない。その芸で劇団に貢献しなければならない。無芸大食では困るのだ。

2　職人

その「芸」だ。職人芸、といわれる。大学教授の「芸」は、職人の芸と似ているというより、同種だ。クラフトマンシップ（craftsmanship）、アルチザンシップ（artisanship）、プロフェッショナル・スキル（professional skill）、みな同じだ。

出発点は、徒弟、学徒だ。まれに独行の人はいるが、まれのまれで、芸人＝教授には

「修業《トレーニング》」が必須だ。

職人の修業期間は、総じて長い。教授も同じだ。その長さにきりがないこともよくよく似ている。教授（職）には定年があるが、職人と同じように、教授（仕事）には定年がない。

3　アーティスト

アーティストは、普通、芸人・職人ではなく、芸術家といわれる。教授は、芸術家より職人に近い。ひとまず、こういおう。だがアート（芸術《アルス》）とテクニーク（技術《テクネ》）は、同源語（ラテン語）なのだ。

古代ギリシアのヒポクラテス（医者）は、Ars longa, vita brevis. といった。「医術を学ぶには長い月日を要とするが、人生は短い。怠らず励むべきだ。」という意だ。（ここから転じて、「芸術は長く、人生は短い。」になった。「芸術」に創造を、「技術」に模倣を分与することを目してだ。）

大学教授のタレントは、職人（＝技術者）の模倣力（学《まね》び・教える）にある。これがわたしの見立てだ。だから、努力とやり方次第で、だれでも獲得可能だ。

ただし、技術も芸術も、対立しているのではない。その極で、二つは接合する。唯一無二の「金型」を創る職人を想起してみるといい。

3・2▼どこでも研究と教育は可能だ——ステップアップがいいか、盤踞がいいか

△「限界大学」からはじめてもいい

1　大学教授のスタートを、「どこ」ではじめるかは、第二義的なことだ。まず、こう思いたい。

わたしは、チャンスさえあれば、どこへでも行く、という心つもりが必要だ、といいたい。「過疎地」の大学でも、もちろん、いい。まずは、定職（仕事場）を持つことだ。経営難や「欠陥」が指摘される大学でも、いいのか？　こう聞かれたら、もちろん、いい、と答えたい。

それにおもしろいもので、選択肢がたくさんあり（るかもしれない）、（待って）そのなかから最適なのを選ぶ、という行き方が望ましいように思われるかもしれない。だが、最初に来たチャンスを選ぶ、この行き方も、かなりありなのだ。わたし（鷲田）の好みに合う。勧める。

2　「実家」が近い大学に職をえたい。これは贅沢というより、根本で間違った思考だ。

妻や子供が、田舎（の大学）はイヤだ。もしいくなら、単身赴任したら、という。もちろん、赴任すべきだ。

この二つに説明が必要な人は、大学教授という、地味で辛気くさい仕事に就かないほうがいい。つまり、大学教授にランクはあるが、基本は横並びであるように、大学に「格差」があるが、仕事に落差はないからだ。仕事とは、第一に、授業と研究だ。どこへ行っても、やるのは本人しだい、工夫しだいだ。

3　超過疎地の大学に公募がある。もちろんチャレンジしたらいい。

日米大学の最大の違いは、アメリカでは、ポストドク（大学教授資格所有者）が、100回以上、公募に応じるというケースがあることだ。競争が激しい。しかも待遇が千差万別だ。

NY大学のある学科で、フルタイムの教員が10人以上いるのに、独立の部屋をもつのは、一人（学科長）だけだというケースがある。（もっとも、日本の教授に各自独立の研究室があるというのは、時代錯誤に思える。せいぜい、1ホールに、パーテーションで区切って、各教授の居所とすればいい。）

スタートは、どこでもいい。どこへでも、いこう。このわたしの「助言」に耳を傾けた人の多くは、いい結果をつかんでいる。どうしてか？

△実績を積むことが第一

1　大学教授になる第一歩は、「どこから」でもいい。重要なのは、待遇や教育・研究条件次第では、けっしてない。重要なのは「定職」をえることであり、最重要なのは定職をえたら、（ひたすら）「実績」をあげることだ。

わたし（鷲田）の場合、1975年、市立（地方）の短大に33歳で定職（講師）をえた。初めてのチャンスであった。

授業は昼・夜2部制、研究費はほとんどなし、給与は高卒並だった。それでも定職だ。収入は、単身者並みだったが、翌年も「保証」されている。おまけにボーナスが出る。2部制だから、出校は週2日、（低給与を補うために）「アルバイト可」というお墨付き（？）を学長からえた。

2　Y（1943～）氏は、教授よりはるかに実績があった。否、あったがために、長いあいだ助教授のポストに据え置かれた。これは国際的に活躍するY氏にとって「恥辱」以外のなにものでもなかった（に違いない）。

だがY氏は、学内人事等から「阻害」されたがため（か？）、主力を古代史の謎を解明する大作業に傾けることができた。しかも、氏は、膨大な資金をたたき出すため、この作業をビッグビジネスに転じた。つまり、30代ですでに「研究」費もみずからの腕でたたき出したわけだ。

この「実績」こそ、氏を世界的な学者にし、大学に氏の存在を否も応もなく認めさせた、重要因子だ（ろう）。

△「有名」大学、かならずしも「いい」大学ではない

それに、「有名」大学の多くは、Y氏が勤めた大学と同じように、それなりの「伝統」がある。「因習」も根深い。国公立私立にかぎらない。

最も困るのは、「派閥」が幅をきかすことだ。「この指とまれ」を拒否すると、「仲間はずれ」くらいはまだいいとしても、徹底的に不利益を被る。公・私にわたってだ。

もちろん無名大学にだって「派閥」はできる。違うのは「強度」、「自由度」の差だ。

教育・研究の「自由」（自立）があっての大学教授だ。ところが「派閥」は研究・教育の立場や進路にも口を出す。「親分」を「雛形」に教育（授業）と研究（論文）をおこなうべし、というプレッシャーがかかる。

派閥は、大学教授の前途を阻む大きな阻害要因だ。えっ、「派閥」大好き。自前でもの

を考え、行動する必要ないもん。こういう「鵺《ぬえ》」のような人もいることを忘れないでおこう。

3・3▼「待遇」が悪くとも

△「待遇」は二の次と思え

1　文字通り「アルバイト」で稼げ

まず教育・研究の足場〔定職〕をもつこと、待遇は二の次でいい、といった。しかし、人間だれでも、生活費は必要だ。家計費程度は稼がなくてはならない。

わたし（鷲田）の初任給は、単身者程度のもので、家族4人（妻・3人の子）の生活費は算入されていなかった。だが、正確には、だから、結婚5年、それまで続けてきたアルバイト（非常勤講師）をやめるわけにはいかなかった。週2日丸ごとつぶれる。「つぶれる」が、いずれも「講義」だ。研究に関係はある。必要なのは、意識的に関係づけることだ。

自宅から大阪のアルバイト先まで片道2時間半だ。でもそこ（都会）にしか条件にあうアルバイト口（大学）はなかった。それに電車の中が読書室になる。8年間つづいたが、ムダではなかった。否、とりわけ貴重だった。

2　研究費は自力でたたきだそう

勤務校が貧しい。研究費が少ない。研究環境（書庫・機器等）が貧弱だ。だが嘆いてもはじまらない。Y氏のように大規模とはいかないが、研究費は自力でたたき出す工夫をしよう。アルバイトが必要になる理由だ。

研究費は（すく）ない。（まともな）研究はできない。しない。こういう手合いがいる。精神的ケチで、教育・研究者になる資質はない、と思ったほうがいい。

できれば、というか、かならず、自前の研究室《ラボラトリ》（書斎）をもつよう工夫しよう。たとえ理系の人で、自宅にラボが無用な人でも、「孤所」（一人で時間を過ごせる空間）はもちたい。「トイレ」や「浴室」でもいいじゃない、って。つらいね。

梅棹忠夫（1920〜2010）はフィールドワークを主体とする動物生態学を専攻した。ところが敗戦で、肝心要のフィールドを失う。手をこまねいたか？　打つ手なしは、梅棹の辞書には載っていない。梅棹は、フィールドワークも研究費も必要のない「研究」をする。

梅棹（大学院生）は、「学位」（博士号）をとるため（だけ）に、オタマジャクシを材料に、群れの法則を数学的に説きあかそうという実験をしたのだ。この研究は、それ以降の梅棹の研究と無関係だ。だが学位は、国際的には大いに役立った。外国では、日本と違って、博士号が大学教授になる「資格」なのだ。

3　ボランティアに励め

もうひとつ、「新人」のときには特に、ボランティアに励め、といいたい。時間がもったいないという人には、「忙しいから、ボランティアが楽しい」といってみたい。

「ボランティア」(volunteer)とは〈自由意志をもって社会事業・災害時の救援などのために無報酬で働く人(こと)。〉(新明解)とある。

重要なのは、「社会」の意味がうんと広いことと、「自由意思」で、無報酬で、多くは身銭を切って参加することだ。わたしにとっては、20代から続いた、政治活動、諸雑誌の編集活動、障害者施設の維持活動等々も、ボランティアであった。

ボランティアは、なによりも見識を広めることができるだけでなく、どんなことにぶち当たっても、「驚愕」だけで終わらなくなる。「実戦」に臆することがなくなり、総じて強くなる。大学教授に、多少にかかわらず、欠ける能力だ。

△「実績」をあげることに集中しよう

「実績」をあげる。まずこれが重要だ。ここで3種類だけ取り出そう。

1　講義の充実

講義は、学生のために行なわれる。だから、その内容も形式も、学生の「水準」に合わせる必要がある。「水準」とは、学生が理解可能ということで、学生の好みに任す、ではない。講義内容が最重要なことに、変わりはない。

同時に、講義では教師の力（こそ）が試される。そのため、講義のための研究に精力を傾ける必要がある。ただしどんなに精力を傾けても、大学で講義に耳を傾ける学生は少ない。（なぜか？　講義＝授業で読むと、どんな「名作」でも、おもしろくなくなる。これが事実だからだ。）

それでも、講義のための研究に手抜きがあってはならない。ましてや、権威ある（といわれる）教授の教科書を丸写しするような講義をすると、手抜き工事のつけがすぐにやってくる。

不思議でも何でもない。「研究」はどんなに些細なことに見えても、続けていれば、面白くなるだけでなく、深まる。しかも授業のための研究は、大学教授の基本中の基本なのだ。

2　研究に専心

講義や演習のための「研究」、これが大学教師の第一義の研究だ。しかしそこで足踏みしていては、レクチャー（lecturer）のまま終わるに等しい。研究者（researcher）とはいえない。つまり大学教授としては不十分だ。否、レクチャーとしても、スピーカー（朗読者）にしかすぎない、とみなされても仕方ない。

講義の研究を深めるためにも、専門の研究、「研究」のための研究が必要になる。

大学教授の「資格」審査で、また、採用試験で、第一に重要視されるのが、専門研究（論文）の「でき」しだいだ。なによりも「論文」（paper）の仕上がりだ。

「研究」とは、まず最初は、「研究論文」を仕上げることに力を注ぐ必要がある。「専門」分野の「研究論文」なしに、大学教授の登竜門をくぐることは至難だ。「わたし、書くの嫌い。」という人には、門は閉ざされるとみていい。

3　著書を出す

講義の研究と専門の研究とのいずれを問わず、「研究」をまとめて著書にする。これが大学教授の礼儀《マナー》だ。実績の重要な一環になる。

英文法史を専攻した渡部昇一（１９３０〜２０１７）氏は、ドイツに留学し、ミュンスター大学で「学位」（独論文）をえた。その「邦訳」である『英文法史』（研究社1965）は処女出版である。この実績がものをいい、学者として、幅広い言論人としての、見事なスタートを遂げることができた。こういう例にすこしでも倣いたいものだ。

また、大学教授となり、講義を担当するようになったなら、自分の講義を著書にする、あるいは、講義用の著書を書く、ていどのことはしたほうがいい。もちろん実績になる。え、学生にむりやり買わす本なんて、せこい、という人がいる。せこい・いじましい人の言だ。学生に買わすだけの「書」ではない。

書いて、1冊にする。公刊だ。公開される。否も応もなく、おのずと「実力」に判定がつく。ほとんどが引き写し、何の知的努力もしていないものか、あるいは、ホラやでたらめの集積か、は一目瞭然になる。辱めを受けるだけだ。

「教科書」を出すのは、だから、研究者にとっては恐ろしいことなのだ。これを恐ろしげもなくできる人、やってしまう人は、すごいか、おかしいかのいずれかだ。（自分のことを棚に上げてこれをいう。）

△ステップ・アップ

「実績」である。「業績」（works）ともいう。研究成果で、公表＝発刊されたものだ。これ以外に講義・研究力を問われる「材料」はない。「情実」が絡む企業などと比べると、かなり「公正」な業績評価だ。

△昇級・昇格——情実と実情

1　大学には「俸級表」がある。よほどでたらめな大学でないかぎり、また本人に大きな欠陥や失敗がないかぎり、多少の遅延はあっても、エスカレータ式に昇級（a rise [an increase] in [of] salary [pay]）する。これが比較して日本の大学の「いいところ」だ。

2　何だ、50になって、まだ准教授なのか、助教なのか?!　こう思いたくなるケースが、ままある。

「昇格」には「内規」がある。普通、教授になるには、最低5本、准教授になるには3本というように、研究論文（数）が必要になる。この「数」自体をクリアするのは、簡単だ。ただし、書かない、書けない人はいる。少なくない。

もちろん、例外がある。年齢も加味されるが、昇格にかぎっては、この内規の基準に沿って、教授会で「審議」「決定」される。

3　教授、准教授、講師、助教、助手それぞれに「俸級表」がある。昇格すると、多少とも（直近上位）給与が上がる。

30代で教授になる人、准教授で定年を迎える人と、外見上、大きな「差別」と思えるだろう。

だが「実情」からいうと、大学教授は、本人次第である。実績（実情）が重視されるのだから、比較的、公正だといっていい。

△移動あるいは引き抜き《ヘッドハンティング》

日本の大学（大学教授）は、他の職場（職種）と同じように、「終身雇用制」といわれてきたように、移動が少なかった。ただし、教授になると定年まで席を温めるケースが多かったが、移動はあったのだ。

1　評論家の江藤淳（1932～99）氏は、大学教授でもあった。東京工大（71～90）を経て、念願かなって、母校慶応大の教授（90～97）に就いた。しかし定年（慶応は当時65歳）を1年残して、97年、大正大に「移動」する。

大正大にとっては、ヘッドハンティングであり、江藤氏にとっては、定年を先に延ばす策であった（と思える）。こういうケースは稀ではない。

2　最初の着任校はどこでもいいといった。最大の理由は、名も実力も未知数の「新人」にとって、「最初（の就職）が難しい。」からだ。

だが定職をえた最初の大学で、着実に実績を上げると、多少とも自分の好みにかなう大学に（公募等を通じて）移動（移籍）のチャンスが増える。ここが「大学教授になる方法」の重要ポイントだ。

3　貴重かつ多くの実績をあげれば、江藤氏のように有名であるかどうかにかかわらず、条件のいい大学から、ヘッドハンティングのチャンスが増える。また、移籍のチャンスがなくても、本務校で実績をあげれば、よほどおかしなへし曲がった大学でなければ、実績自体を無視できないのが大学のいいところなのだ。

4　依頼《リクエスト》

大学は、よほど「在大学」が好きな人は別として、ノルマ以外はフリーである。大学外の仕事が可能だ。「注文」仕事だ。アルバイトで、ときに実績になる。多くは稼ぎ（収入）になる。（ただし、非常勤講師等には、定職があればあまり手を出さないほうがいい。）

講演、執筆、TV等の出演、その他その他、注文仕事《リクエスト》は多岐にわたる。もちろん、積極的に売り込んでもいい（が、売り込みは難しい）。これらアルバイトは視野を広げる助けになる。ただし、本務校の主業をなおざりにしてはいけない。世にいう「タレント教授」ほど、本業を主とし、実績を上げる必要がある。同僚の嫉み・嫉妬をカバーするためにだ。

4▼国力も、大学力も、大学教授力で決まる

日本に大学は、あわせると777校(2016年)ある。各種の大学ランキングがある。それぞれ「有意味」だが、肝心要のところが欠けている。

大学の存在理由の基本は、教え研究するところにある。ところが教え・研究する教授の「能力」を査定する基準がない。そもそも教育研究する能力を測る「尺度」はあるのか、あるとすれば「何」なのか、と問わなければならない。

哲学者の三木清は、(旧)一高から東大には進まず、西田幾多郎のいる京大に進んだ。京大はときに教育・研究能力で東大を凌ぐと評価されるが、西田(哲学)・今西錦司(人類学)・内藤湖南(支那史)・桑原武夫(人文研)の、教育・研究教授グループがあったればこそだ。いわゆる京都学派だ。

それに、弱小大学、あるいはランクの低い「評価」の大学でも、個々の教授の「能力」しだいで、実績をあげることが十分可能なのだ。とくに、大学教授と学生とにとって、大学の意味(=質)が異なる。

世間や受験生は、大学評価を、偏差値や就職率で計る。だが最重要なのは、学生の能力《クオリティ》（質）で決まるのだ。

大学教授は、大学評価を、偏差値、就職率、教授の待遇、施設の充実度、等々で計る。だが最重要なのは、率直にいえば、個々の教授の質（能力）で決まる、といって間違いない。まずこのことを頭に刻み込んでほしい。

4・1▼日本の大学は、大学教授は、能力が低いか？

1　世界大学ランキング２０１７（THE = Times Higher Education）

日本の大学は、世界ランク総合で、東大が39番、京大が91番と低い。トップ１００以内はこの2校だけだ。日本の大学は、教育・研究「水準」が低い。入学するまで、大学教授になるまでは、「懸命《レイジィ》」だ。だが、入って・なってしまえば、「愚者の楽園」で、学生も教授も、大部分は怠けている。こういう評価がまかり通っている。

2　たしかにアメリカの大学では、大学教授になるまでは、「競争」が厳しく、安閑としているわけにはいかない、といわれる。実績が必要なのだ。だが、いったん大学教授になってしまえば、手抜きが横行する。これはアメリカの大学教授にかぎらない。わたしの経験則からいっても、他の多くの国も大同小異だ、と断言できる。日本と変わらないのだ。理由は歴然としている。

日本はビジネス界で大きな実績を挙げている。経営者であれ、従業員であれ、研究・開発者であれ、その能力は先進国でつねにトップ集団にいる。こう判断して、間違いない。

では大学で、学生や教授の質が低いにもかかわらず、学生が実業界に入ると、格段と質が高まるなどというのか？　そんなことはあろうはずがない。

3　もっとも、わたしは、大学生も大学教授も、現状でいい、といっているのではない。もっともっとハードに勉学・仕事に邁進する人がいてもいい。その余地は大いにある、といいたいだけだ。だが、尻を叩いたら、あるいは叩かれたら、がんばるということで成果があがるかというと、そう易くはない。

①〈1∶2∶4∶2∶1〉あるいは、②〈1∶5∶2∶2〉の法則があるのを知っているだろうか？　集団中、実績をあげるのが1、そこそこの実績をあげるのが2、平均が4、どうでもいいが2、まったくなしが1の割合、という法則だ。②はそのバリエーションだ。

大学教授の場合、実情はさらに極端かも知れない。③〈1∶2∶7〉が通常で、7には「箸にも棒にもかからない」、「やっている振り」も含まれる。それでも、ビジネスマンであれ、大学教授であれ、3(割)の人がまずまず実績をあげるグループなら、「よし」としなければならない(だろう)。

4・2▼学ぶのが好き、教えるのが好き、どちらもトレーニングが必要

1　実績も重要だが、実績を「伸ばす」能力というのが、さらに重要だ。

大学の教育・研究で、すぐ役に立つ(即戦力)知識や技術の提供・習得はもとより重要だ。だが、人生も仕事も長い。ますます長くなる。「即戦」本位ではない、潜在力《ポテンシャル》を養う知識や技術の提供・習得を欠かすことはできない。端的にいえば、自力で学び習得する能力だ。普通「基礎」力といわれるが、専門力を獲得するのにつながる能力だ。

2　ところで、その専門力だ。まず、基礎力を身につけるより、専門力を獲得するほうが簡単だ、といってみたい。

狭い・細分化された「専門」領域にかぎっていえば、専門家(先生)を素人(生徒)が追い抜くのは、そんなに難しくない。

大学教授である。「好きでこそ学問(=大学)」だ。教えるのが好き、研究するのが好き、が基本条件になる。好きにも「穿鑿《せんさく》・詮索」好きがある。重箱の隅をつつく(楊枝で穿

る）ような好きさもある。この好きさ加減は、大雑把なわたし好みではないが、否定はしない。できない。

同時に、学問＝大学には、大きく網を張る雑多な好みも大切だ。好奇心の広さといっていい。自分の専門の細かい点以外には触れない講義や研究だけではうんざりだ。たとえば、小西甚一が示すように、芭蕉の「一句」（「夏草や兵どもが夢の跡」）から、杜甫の詩「春望」（「国破れて……」）をへて、世界大に広がる文学味を堪能できたら、と思わないであろうか。
3　そのためには、即戦力を磨くだけではなく、「雑知」愛を磨かなければならない。わたしの師（谷沢永一）は、専門外の知、とくに雑書を読まない人の教育・研究は、おもしろみがない。広くないだけでなく、無味乾燥だ。ちっとも面白くない。こう断じた。
南部陽一郎（素粒子論　1921〜2015）は、偏狭な日本の研究教育環境を捨て、アメリカに場所を移し、永住権を得て、「対称性の自発的破れ」（ＳＳＢ）で08年ノーベル物理学賞をえた。その研究は、「厳密さ」（数学）と「破れ」（物理学）の相互格闘劇と思える。

これは最先端のドラマだけのことではない。教育・研究の実績は、終わりがなく、可能ならば、自分で打ち建て、自分で壊す（乗り越える）他ないのだ。「好きでこそ大学」の核心的意味だ。大学教授には、この自己格闘（こそ）が、時間的に許されている。短期にも長期にも、実績を伸ばすことにつながる。

4・3▼「古い」大学教授の完全淘汰がはじまった

大学教授の質が落ちた。大学生の質が大幅に低下した。こういわれて久しい。しかし、**2つの点で、根本的に間違っている。**

1　大学教授数、旧制1948年（7437名）→新制49年（1万1534＋短大2124）→72年（8万0959＋短大1万4677）→2016年（18万4248＋短大8140）

学生数、旧制48年（1万1976）→49年（12万6868＋短大1万5098）→72年（152万9163＋短大28万7974）→16年（287万3624＋短大12万8460）

説明の必要もないほど、大学生の数も、旧制と新制、さらには大学バブル以前と以後では、異質だ。

2　じゃあ、旧制の大学と新制と新制のバブル期、教授と学生の質は、異質か。異質である。

旧制の教授も学生も、一握りの選別《エリート》である。新制になっても、大学進学率が10％を超えたのは1960年（10・3％）だ。72年（29・8％）に3割を超え、16年に56・8％になった。もはやエリートではなく、「大衆《レベラー》」になったのだ。

エリートとレベラーとの比較は、「質」の比較ではない。進学チャンスがあるないの違いだ（にすぎない）。
3　ここからは1960年代に大学で学んだわたしの経験則だ。
わたしが受けた講義も演習も、「旧制」をモデルにしていた。教養課程は英仏独を中心とした「外国語」教育が基本で、「概論」は毎年同じ内容のリピートであった。専門（学部）では、講義も演習も、外国語のテキストの「読解」以上でも以下でもなかった。特殊講義で、わずかに教授の専門研究の一端が披瀝された。

ただし、こういう外国語主体の授業はもう、ほとんどない。アメリカにもだ。ペン大で哲学を専攻したA氏は、ルソーの研究（博士）論文を「原書」（仏語）を読むことなく、英語（自国語）で書いたそうだ。そういう時代になっているのだ。

旧制の大学教授や学生は、研究論文はもとより、総じて書く能力を「発揮」しなくてもすんだ。新制になっても、論文数が極端に少なくてすんだ。10年に1本書けばよろしい、むしろいい、ということだった（そうだ）。まったく書かなくて、教授職を全うした人もいるのだ。これはよくよく知っておいていい。

突出した層、あるいは、最低の段階を拾いあげ、比較するのは、ほとんど意味がない（だろう）。なぜか？　変わらないからだ。基本は、もっとも層の厚いところ、を比較することだ。

旧制と新制、新制でも進学率1割前後期と3割を超える時期で、教授、学生の「質」を「中間」層で比較してみるといい。数が2桁異なるのに、実力はほとんど変わらない（のではないだろうか）。したがって、層としてみると、厚みが異なる。この中間層の厚みが、戦後日本の社会発展の底力となった。

バブル期以降、総じて、学生と教授とにかかわらず、書く能力も、考える能力も、現実適応能力も、劣っていない。そう判断していい。70年代以降、古い体質の大学、大学教授はほとんど姿を消した。「懐古」の対象になったということだ。それに、伝統を誇る東大や慶応などは、もっとも先進的な大学に変身しているじゃないか。

II 職業としての大学教授

0▼『大学教授になる方法』

1　拙著『大学教授になる方法』（1991）が大きく迎えられたのは、第1の視点、大学教授を、学問上の目的を達成する手段としてではなく、生きるための手段として位置づけたことだ（ろう）。「学問」（sciences＝大学）を、端的に、「職業」の対象にして、論じたのだ。学問を「生活手段」、「サラリーの対象」にするということが、大学教授になる・であることの欠かすことのできない要素だ、としたわけだ。

2　第2の視点は、「大学教授になるには、資格はいらない」としたことだ。「学位」は必須条件ではない、しかも、「偏差値50以下」でもなることができる、と明記した。

この2視点は斬新で、「専門職」、それも特殊・至難とみなされてきた専門職＝大学教授職のイメージを変え、門戸を開放するチャンスを与えた（ように思われる）。

もちろん「誤解」も生まれた。少なくない。最大のは、「わたしでもなれる」を「たいした苦労もなくなれる、楽でイージーな職業だ」と勘違いされたことだ。

3　事実、40年以上にわたり、ほとんど「在宅」で、しかも「過疎地」に住んできたわたしが、「毎日が休日で、いいですね《ビューティフル》！」と、思われてきた（ようだ）し、ときに面と向かっていわれることもあった。

こういう誤解は、だが、けっして悪いだけではない。わたしが「快適《コンフォート》」に生きていることをも意味するからだ。もっとも、わたしは歓楽街《ススキノ》で楽しむことも隠してこなかったが。

職業としての大学教授に、もう少していねいに接近《アプローチ》してみよう。

5▼望む仕事＝職業に就きたい

5・1▼大学教授は「かなりいい」仕事だ

△「普通」の仕事

1　大学教授は、かつて稀で近づきがたい職業に思われてきた。たしかに旧制大学（最終年＝1948年7437人）ではそうだったといっていいだろう。特異で社会的地位の高い職業の1つだった（とみなしていいだろう）。だが、2016年現在、その総数が20万人に近づこうとしているのだ。もはや稀少＝少数でも特異でもない。

2　たしかに「専門」職だ。だが同じ専門職でも、「不足」を叫ばれる、今はやりのITエンジニア数が84万人（2014年）であることと比べると、少なく、今後、大きな増加を見込めない（だろう）。だが、昨今「過剰」を喧伝される弁護士数と比べると、10〜5倍に推移してきたのだ。（＊弁護士数〔大学教授数〕　1950年5824〔1・2万〕人→72年9106〔8・

1万〉人↓2016年3万7680〈19・2万〉人〉

3　大学教授が「普通」の仕事というのは、廃りがなく、地位も収入も「安定」している、ということだ。エンジニアと異なるところだ。そして地位が超安定している（「終身現役」）が、収入は「不安定」の弁護士ともはっきり異なる。

4　ちなみに、「高校教員」は普通の職業と思うだろう。その数を知っているだろうか？　24万7804人（16年度）で、大学教授数を5万人ほど上回っている。だが高校教員数は、義務化と少子化が重なり、長期減少傾向にある。

対して大学教授数は現状維持が続く。さらに、日本の大学が、社会的要求に対応したり（とくにキャリアアップ教育の拡充）、国際化を進めて留学生をもっと多く受け入れる「質」的変化を実現すれば、つまりは相応の努力次第では、増加してゆくチャンスは大きい。

△自由な「職人」

1　1980年代、日本も世界も本格的に激変した。高度知識・技術社会で、しかも高速で変化する社会に突入したのだ。先がわからず、目が回るように忙しい社会に生きているように思えるだろう。

1つの知識・1つの技術を習得し、それを磨いていけば、おのずと一生をまっとうできるなどという仕事は、確実に少なくなった。専門家（を気取った）旧制大学教授職がそうだ。

だが人間の心理は単純ではない。高速で変化する社会だから、変化が激しくない職を選び取ろうとする。公務員志望が多い理由だ。だが逆に、高速変化に強い職に就きたい、という人が必ず増えてくる。職人「気質」も当然変化する。新しい知識や技術（技能）に挑戦しない職人、とりわけ大学教授は、居場所がどんどん狭くなると見ていい。

2 「学ぶ仕事」が「好き」でない人に、大学教授職を勧めるわけにはいかない。講義も研究も、学ぶことが基本なのだ。だが大学教授の基本は、「強制された」（義務）学び＝「勉強」ではない。基本は、自分で設計し、作り上げる仕事だ。

たしかに「学び」は「真似び」である。だが、「模倣」に終わらない。研究とは「探索」だ。自分で探り当てることでもある。これほど「自由」（自分）度の強い職業はあまりない。自分でものごとを探索し極める、こういう好奇心の強い人にマッチした職業が、大学教授である。

3 ただし、ノルマはある。講義・演習と研究（論文＝業績）である。どちらもワーク（仕事）だ。このノルマを果たすだけでなく、講義や論文が一定の水準に達しないと、すなわち研究をサボり、自由を満喫しているだけだと、それなりの「お仕置き」（罰）がある。

もっとも、学問（大学＝sciences）が好きで、研究に専心できる人にとって、講義や演習、研究成果の発表や論文提出など、何ほどのこともない。むしろ研究に専念し、その実績を公表＝公刊することこそ、気分爽快《ワンダフル》である。

△人間だけが「知る」喜びを知る

1　人類（人間）の学名は、「ホモサピエンス」（homo sapiens）といわれる。というか、人間自らが自分を「知恵あるヒト」と呼ぶのだ。（羞恥心ある人は、堪えられないだろう。）

「われ考える《パンセ》、故にわれあり《スイ》」（デカルト）もまったく同じ意味で、「われ」とは人間のことだ。「考える」ことが、人間を他の生物、さらには「ヒト」類と分かつ特質（人間の本質＝nature）だ、とデカルトは宣言したのだ。

特別のことではない。「哲学」（philo-sophia）とは「愛・知」だ。知＝サピエンス（学問＝大学）を愛することで、特別なことではない。上智大学（Sophia University）のソフィアとは、「知」で、たんに「知」といわず「上知」とするのは、カソリックの学校だから、人間知を超えた「神知」をさすからだ。

2 「考える」「知る」が人間の本然（nature）だ。その本然にふさわしいありかたが、考えるであり、知るだ。よく考え、よく知ることで、人間の本然が発揮される（花開き、喜びに満たされる）のではないだろうか？

「疑問」が解消する、もうそれだけでホッとする、こういう経験こそ人間的だ。考え、知ること、それ自身が人間にとって喜びとなる。そう思わないだろうか。「好きでこそ学問」の真意だ（と思う）。大学教授になるということ自体が、知る喜びを満喫したいという、人間だけにある欲求（本然＝自然）ではないだろうか？

3 そんなに大げさに考えなくてもいい。知れば知るほど、ますます知りたくなるのが、人間の本然（素）である。せっかく大学教授になったのに、知ることにかまけ（be busy）ず、非知・反知にかまけることほど、無駄なことはないように思える。

ただし、人間は考え・知ろうとする存在だが、考えれば考えるほど・知れば知るほど、考えや知のおよびえない領域が浮上してくるのだ。一時的に思考・知の停止を図る必要が生じる。ビジイな人にこそ「余白」や「遊び」が必要になる。

考え・知る喜びを満喫するに適した大学教授に「自由」時間が与えられている、理由の一端だ。

△大学教授がフリーランス的に見えるとき

1 「兼業」可？

新田次郎（1912〜80）は、中央気象庁に勤め、56年『強力伝』で直木賞をえたが、すぐには作家一本のフリーランス（自由契約者）にはならず、66年ようやく、課長で依願退職し、専業作家になった。

対して、大学教授で作家というのは古くからかなりいる。最近では、島田雅彦（法大）、中沢けい（日大）等だ。評論家は、野口悠紀雄、竹中平蔵等、さらに多い。芸能人にも少なくない。

これをみると、大学教授は「自由時間」が多いから、フリーランスの仕事もこなすことができる。こうみなしていいのだろうか？

2 大学教授には、「自由」に処理可能な時間がある。これは事実だ。だが、講義や研究で手抜きをすることは、むしろ許されない。

もし島田教授（作家）が、作家仕事やTV出演に時間を取られ、教授本来の仕事、講義や演習・研究や業績発表に手抜きを（ちょっとでも）見せると、大学教授専一者より、はるかに厳しい目で見られ、「サボり」とみなされる場合がある。

それにマスコミ等に露出が激しい人には、当然、同僚から嫉妬や嫉みの攻撃を覚悟しなければならない。「出る杭は打たれる。」のだ。
3　ただし、大学教授は、ノルマをこなし《フィニッシュ》、フリーランス仕事《アルバイト》でも、大きな実績を残すことは可能だ。少なくない。むしろマルチで仕事をすることで、生産性も質も高くなるケースがしばしば見受けられる。そういう才能は、むしろ大学教授が副業なのじゃないかしら、と思えてしまう。

5・2▼大学教授の2大ノルマ

△研究

1　大学教授の第一の仕事は「研究」である。就職（選抜）時から、なにをおいても、選抜目的（専門、たとえば行政法）にふさわしい実績（とくに専門の研究論文）が要求される。年齢に関係なく、研究論文のない人は、採用（・昇格）の審査対象から除外される。
これは大学教授職に特有なことではない。どこでも、専門・技能職（たとえばプログラマー）の「資格」をもっていても、実働経験や実績がなければ、採用にOKを出すことは難しい。ペーパードライバーはりっして少なくないのだ。

2　「研究」であれば何でもいいわけではない。「大学」（学芸知）教授には、まずもって「学術」研究が要求される。ところが、「学術」の意味が、時代によって変わる。

わたしたちが学んだ1960年代までは、欧米でも日本でも、学術研究は、たとえば哲学や文学では「古典」研究を意味した。「現代」（およそ第1次大戦、とりわけ第2次大戦以降）の研究は、不可とされた。だが、1980年代になれば、「ポストモダン」の作家や作品の研究も、可とされるようになる。

対して、工学系《エンジニア》では、総じて、最新でオリジナルな研究が、学術研究の基本である。技術「革新」が焦点となる。

3　研究上重要かつ不可欠なのは、「論文」作成＝書く能力だ。どんなにすばらしい構想《アイディア》や成果で（を誇って）も、リーダブル（読解）不能で、文意がめちゃくちゃな文章を書いたのでは、アウトだ。学芸者の器量《キャパ》が疑われる。

これは「レジュメ」のような短文を書く場合も、例外ではない。否、短い論文こそ、単純明快に、論理《ロジカル》に飛躍がなく、目標《ターゲット》と結論《コンクルージョン》を明示・明記出来なくてはならない。このキャパを欠くのは、理系にとっては致命的だ。

4　もちろん「論文」が、「翻案」「剽窃」の類いでは、アウトだ。「盗み」のたぐいを免れるためには、自分の研究領域に近い、既存の他研究論文をよく精査する必要がある。もちろん、「ひとりよがり」かつ「でたらめ」なものは、論文の名に値しない。最も恥知らずなのは、横のものを縦にするだけの翻案である。稀ではない。京大教授Nがイタリア人研究者の著作を丸写しして、博士号をえたなどというケースさえある。

△**教育**

教育と研究は異なる。研究業績のない人で、教育上手がいる。むしろ多い。だが残念ながら、大学教授としては例外に属する。

教育「下手」でも、なぜ大学教授が務まるのか？　大学教育の柱は、教授による教育（講義や演習等）を「入り口」とするが、むしろ、学生が自主・発展的に学ぶ、研究におよぶ「自学自習」だからだ。講義や演習は副食で、主食は独習なのだ。

1　大学教授の「新人」は、教育経験のないものが圧倒的多数だ。教育「実習」というほどのものは、非常勤講師経験程度にかぎられる。わたしは27歳から大学で非常勤講師として講義したが、未熟は覆いがたく、「学生」（過半は勤労学生）のため「熱心」にやる以外に打つ手はなかった。結果、空回りに終わるのがほとんどだった。

教えるのが「うまい」は、教授の知や技術の高さ、熱意と比例するわけではない。自分が受けた講義以外にモデルがない。どうしても下手な「ものまね」や「我流」になる。

それではならじと、講義用の「レジュメ」（要点の抜書のプリント）を、毎時間、事前に作成し、学生に渡すことにした。40字×30（〜40）行のものだが、その内容を毎年変え、展開することにした。

つまり、授業の研究（レジュメ）と研究のための研究を、つなげることに傾注したわけだ。レジュメがたまると、文章化し、論文、テキスト、著書にする。これを習慣化する。何だ。講義・演習のための「学生用」レジュメを、専門研究の下敷きにするなんて、程度が低い、いい加減にしたらいい。こういわれるだろう。

そうではない。ヘーゲルの『法の哲学』も、九鬼周造の『近世哲学史稿』も、講義の要項《レジュメ》を著書にしたもの（「要綱」the main principle）で、文字どおり、両者の主著となった。ま、わたしのような者に、ヘーゲルのような芸当《パフォーマンス》はできないが、教育に傾注する一つの方法だ、と思える。（ただし、ヘーゲルは声が小さく、その名高い講義も、必ずしも学生には好評でなかった。）

2　じつは、大学教授の仕事で、最もしんどい（やっかい・疲れる）のが教育活動である。理由ははっきりしている。

(1)割り当て時間（ノルマ）がある。

もっとも、手抜きができる。典型的な2つがある。「省力」で、他者が書いた教科書を与え、それを「なぞる」だけのやり方だ。「語学」教育に多い。もう1つは、「脱線」というか「無駄」「法螺」話で、これがけっこう学生に受けるのである。

(2)「効」が少ない（というかほとんどない）。

ほとんどの学生がほしいのは、東大であるか、無銘柄大学であるかにかかわらず、授業の内容、充実度ではない。「試験」に受かり、「単位」（履修証明）をとること、卒業することだ。

(3)準備がいる。

講義や演習には「準備」が必要だ。学生の理解度に合わせて、広く浅くから、高度で専門的な知識や技術まで、さらに展開順序等々、やるべきことに満ちている。逆に、おざなりの準備ですます「豪傑」（無手勝流）もいる。というか「強者《つわもの》」（強心臓）が少なくない。

(4)大学教授は、教育活動のトレーニング（実習等）はまったく受けたことがない。「素人」同然が、突然、「高座」に上がって「一席」演じるようなものである。だから、教育経験のないものを大学教授としては不採用としたら、ときに（否、おおよそ）、⑴〜⑷の手抜き教授（ばかり）が生まれる。

3　講義や演習等の教育活動は、じつは、というか、じつに最も重大かつしんどいのだ。「準備」の最大のものは、「教育内容」の「研究」にある。教育のための研究といったが、このことだ。

⑴いま、目の前の学生（受講・ゼミ生）に、「なに」を「どのよう」に教えたらいいのか？　これが問題だ。

⑵しかし、今、わたしは、「なに」を「どのよう」に「教える能力」を持っているか？　これが最重要な問題だ。

⑶教授内容を、広く（一般的に）かつ深く（専門的に）研究し、講義等で伝えてゆく、普段の専門研究とは異なる、準備＝努力が必要である。

⑷ただし、この教育のための研究は、「実績」評価されない。評価対象にさえならない。「ノルマ」の「消化」とみなされるだけだ。露骨（端的）にいえば、「授業の神様」では「昇格」はないのだ。

わたしのとった策（arts）は、講義や演習のための研究を、「研究」活動の柱におくことだ。いうまでもないが、わたしの「独創」ではない。わたしの「先生《モデル》」である大学教授、プラトン、カント、ヘーゲルたちがとったスタイルをまねてのことだ。

「枝葉末節」を取り払っていえば、「講義」記録を、そのまま研究論文あるいは教科書、さらには研究書として公刊するということだ。これはもちろん「目標」であって、「新人時代」にはどだい無理だった。だからトライアル・アンド・エラーの繰り返しで、大胆（かつ破廉恥）なことだった、と（当時もいまも）思う。

だがこれもあれも、「教育とは自分を教育する。」からはじめる、これである。

△研究は一生ものだ

1　大学教授の、教育と研究は、個々の「成果」（works＝業績）の「集積」だ。退職時、年譜・業績「表」が1ページに収まるていどでは、「貧しい」あるいは「怠惰だ」といわれても仕方ない。もちろん、たくさん書けば、いい、というものでもない。
ソシュール（仏　言語哲学者　1857～1913）は、生涯、学位（博士）論文を含めて、論文は2本しか発表していない。ただ聴講生が残した「講義ノート」（をもとに編纂された『一般言語学講義』）」が、「編纂」に問題があるといわれるものの、20世紀の文化・文芸、学術研究に決定的な影響を与えたというケースもある。

だがこれは「偉才」の「例外」のことで、普通の大学教授のモデルとはならない。とにもかくにも、研究である。まとめれば著書の1冊や2冊になるていどの分量を残さないで、研究専門者《プロフェサー》といえるだろうか？

2 「芸」に終わりはない。学芸（arts and sciences）でも同じだ。1つの研究（課題）が終わると、終わり（ジ・エンド）なのではない。そこから新しい課題（謎）やヒント（鍵）が出てくる。これが研究する楽しみの素《ソース》、秘訣《キィ》である。

プロとアマの研究が異なるのは、新しいヒントや課題を自分の研究のなかから見いだし、追求してゆけるかどうかにかかっている。これは文系、理系に関係ない。

3 その意味で、研究は、研究者の意思さえあれば、そして「耄碌*」しなければ、一生続く楽しみだ、と断じていい。これこそ人間だけに特有な知的快楽で、わたし的にいえば、「朝起きて、することが決まっている。最上の幸福＝快楽、至福だ。」で、超高齢者社会の人生モデルの1つである。

＊〈「耄」は、平均寿命が50歳のころの80、90歳の意。「碌」は役に立たない意〉年をとった結果、思考力・記憶力などがひどく悪くなること。〉（新明解）

5・3▼大学教授は女性に最適な職業の1つ

1　日本で、女子学生が、大学生の過半を占め、大学院進学率も（修士・博士とも）30％を超えた。これは世界の流れでもある。

女性大学教授（本務校）も、全教授数の20％に達した。決して少ない人数ではない。しかも女性教授の比率は年々上がっている。1998年＝9・7％から10年、07年＝18・2＝に上昇した。だが、もっともっと量的に拡大する必然があり、必要がある。30％を突破するのも指呼の間だろう。

2　日本には、明らかに、かなりの程度、職業上の性的差別が存在する。大学教授も例外ではない。だが大学教授は、（門戸の狭い）新採用時は別として、女性だからといって、昇級・昇格を含む研究・教育上の待遇格差が、ほとんどなくなった（といっていい）。「女性活躍時代」が宣言された。全大学教授20万人の世界でこそ、女性教授は存分に活躍の羽根を伸ばすことができる。3割から5割を占めると、大学教授の概念が変わる、といってもいい。

3　しかも、女性の大学教授は、現在でも、「平均値」でいうと、男性教授より研究・

教育能力は上なのだ（と見て間違いない）。意欲も努力も遜色がない。特定分野に限らない。そのパワーは、日本の前途にとって不可欠な推進要素である。

4　ところが、私の経験したところでは、その大半は、不勉強である。ぬくぬくと席を温め、ポストにしがみつく、という手合が多い、というのも事実だ。

最も困るのは、堅実なのはいいが、冒険心がなく、視野狭窄なことだ。それに、実行力という点でいうと、お話にも褒めるに値する人は少ない。新しい仕事、新しいポジションに誘っても、何かと屁理屈をいって、尻ごみする。それで許されるという実情もある。

凡庸な私がする「勉強時間」の半分でもすれば、すごい能力を発揮するだろうと思われる人も、女性の「特殊性」を理由に、うかうかと時を過ごし、気がついたら、化石状態になっている、という人も稀ではない。

これはとても残念なことだ。私自身は、大学教授は女性に最適な職業である、と考える。しかし、男性の大半の教授と同じように、席を占めてしまえば、それで「進化」を終える。有り体にいえば、大半が向上心に欠けるというのが現状ではないだろうか。

6▼スタートは遅い、定年も遅い

大学教授（最初は助教や講師、あるいは准教授）に採用されるのは、大学を出てすぐ就職するより、およそ10年遅い。その10年間が「モラトリアム」*である。なぜ、一見して、無駄とも思える「空白」期が、大学教授には必要（必然＝necessary）なのか？

不思議でも何でもない。「芸」や「学芸」には、すべて、それを「習得」・「習熟」するためのトレーニング期間を必要とする。普通、21〜22歳で就職しても、「一人前」になるには、1〜10年はかかるのではないだろうか？　即戦力の人材などといわれるが、レディ・メイドの仕事の場合でも、そんなに簡単ではない。

＊〈モラトリアム人間＝「社会的な責任や義務を一時猶予された状態に在る青年期の人」〉（新明解）

6・1▼レディ・メイドはムリor時間をかけて

1　特に「知識」の集積、大げさにいえば、人類の知的遺産をその一部なりとでも習得するには、独力によるスピードラーニング（速習）ですむ、というわけにはいかない。専門とその周辺の学習だけでも、そうとうな熱意（集中）と時間（持続）を必要とする。

もちろん、超集中方式で臨む、ということは可能だ。その場合も、大学4年（卒論）程度ではとても難しい。最低でも修士（前期博士課程＝2年）論文を仕上げる程度の水準は要求される。これだけでも、最速で6年を要する。

2　大学教授にふさわしい「能力《タレント》」を獲得するには、10年が必要だというのは、わたしの主観的な計算（推測）からではない。

大学（4年）、大学院（2＋3年）、これが「修学」期間の最短（ともいえる）「標準システム」の年限とされているものだ。さらに普通、プラス「X」年が必要となる。博士論文、あるいは自分の「特芸《スペシャル・タレント》」（特技）を示す研究論文作成期間が含まれる。

ただし、このおよそ10年間は、大学教授（専門学芸者）になるための「登竜門《ファースト・ステップ》」で、専門の学芸知を持ち、それを発表できるだけの能力を獲得するための訓練期間である。

3　だから、大学教授（准教授・講師・助教）に採用された、あとは流れに身をまかそう、などという心つもりでは、専門の学知者とはいえない。初心者のまま、衰弱、劣化してゆくだけ、と同じだ。看板倒れであり、給与泥棒のたぐいだ。

つまり、10年間研究に没頭するだけでは、準備段階が終わったにすぎず、まったく不十分なのだ。「没頭」に期限はない、というと、「そんなに急いでどうするの？」という声が聞こえてくる。

だが「忙中閑あり。」だ。どんなに忙しくても、わずかな暇を見いだすことができる、では十分ではない。忙しい、没頭しているからこそ、「閑」が必須になる。仕事に忙殺されている人ほど、ちょっとの暇を作り、遊び（leisure）上手になる理由だ。こういう人、「忙しい」を理由にしない。

6・2▼「研究」には深さと広さが必要

1　幸田露伴は、「深遠《ディープ》」かつ「広大無辺」な学知の持ち主である。同時に、「実用」をテーマにする、『普通文章論』（1908）や『努力論』（1912）、少年時代小説等に端的に示されているように、「平明《シンプル》」かつ「普通」の学芸（雑知）を提供することに心を傾けている。同じ文豪といわれながら、高級芸をもっぱらめざした、夏目漱石や森鷗外と、断然違う、好ましい特質だ。

その『努力論』のなかに、「修学の四目標」が記されている。要約すると、射〔弓術〕を学ぶのに「的」が必要だ。教育と独学とにかかわらず、その標的はただ4個である。

(1)「正」だ。中正で、僻書を読んだり、奇説に従うと、正を失う。

(2)「大」である。はじめから、小さく固まってはいけない。自尊自大は忌むべきだが、大ならんと欲し、大ならんと勤めるのは、もっとも大切なことだ。

(3)「精」である。緻密や琢磨を欠き、選択や仕上げをおろそかにする等は、粗で、避けるべきだ。

(4)「深」である。大を求めて深でなければ浅薄の嫌いがあり、精を求めて深でなければ渋滞拘泥の恐れがあり、正を求めて深でなければ、ときに奇奥*のないところに至る。したがって、およそ普通学を終え、修学を続けようとする者は、深の一字を眼中におかなければならない。

＊「奇奥」の奇は、「奇才」の奇だ。「稀ですばらしい」の意だ。

2　ただし、この4目標の達成は、即席ではとうてい無理だ。たとえどれほど才に恵まれていても、早熟で終わる。早熟の誉れ高かったジョン・スチュアート・ミル（1806〜1893）が陥ったように、若くして、精神のバランスを失ってしまう。

しかし、むしろ非才・凡才にとっての問題は、「正・大・精・深」にまんべんなく目配りするあまり、どれもこれも中途半端で終わることだ（ろう）。それを避ける方法は、1つ、まず「正かつ深」に集中することだ。この意味で「古典《ファーストクラス》」といわれる文献の「精」読（読解）を中核とすべきだ。そしてこの読解を中核ベースに、拡「大」をはかる必要がある。

3　ただし、いつも忘れてならないのは、自分の専門外にも、何くれとなくアンテナを張っておくことだ。「専門バカ」にならないためだ。といっても、「専門」もない、ただのバカは、大学教授（学芸者　arts and sciences）の名に値しない、と思っていい。

自分の「読解」力がどれほど進んだかは、「論文」を書いてみればわかる。ただし、すらすら書けるからといって、学知が進んだ証明にはならない。そこに自分なりのもの、独自性、独善ではなく多少ともオリジナリティがあることを、示せなくてはならない。

6・3▼「リタイア」で残したいもの

大学教授には「定年」がある。一区切りだ。だが学芸者として終わる人もいれば、そうでない人もいる。

現代経営学の「父」といわれるピーター・ドラッカー（1909〜2005）は、知日家で、21世紀、日本人の「定年」は75歳まで延長可能だ、と（「遺言」で）述べた。これは「予測」だったが、現在、70歳定年は指呼の間にある。大学教授は、個人差があるが、すでに定年70が普通で、75歳まで延長可が過半ではないだろうか？（ドラッカー自身、03年まで現役の大学教授であり、著作活動を精力的に行なっていた。）

ただしここで問題は、「定年」は何歳か、ではない。「何を残すか？」、あるいは「残すべきは何か？」なのだ。必須3点にかぎろう。

1 「業績表」（著作目録）だ。普通は、退職「記念」号に、顕彰というにはほど遠い、義理仕立ての「著作目録」が載ることがある。

だが大学教授は、単なる教育者ではない。研究者で、その「実績」を提示する責務がある。ところが40年以上も研究者の地位にありながら、わずか数本の、それも「論文」というのは「名」のみのものしか残せなかった、では恥ずかしいではないか。こういう人に限って、内容が素寒貧なのに、本数（量）ではない。「質」が問題なのだ。こういう人に限って、内容が素寒貧なケースが多い。つまりは遁辞にすぎない。

デジタル時代だ。簡単ではないか。**各大学は、よろしく、全教授の「著作目録」提出を、**

周知し、公開すべきだ。それこそが大学の知的財産の明示につながる。

2 大学は教育・研究の「府」（機関）だ。研究機関に、研究（員）の成果を集約・収納していなくて、どうして学芸の府などといえるのか？ 図書館（資料館）は、書物・資料（書かれたもの）の収納庫だ。ところがおき忘れていることがある。

大学は、自校教授の学業を網羅する責務がある。各教授は、まずもって、自校の図書・資料館に、自著を収め、広く公開可能にする義務がある。そのためにも、大学教授の「著作目録」開示が必要だ。

なにたいした労力は必要でない。各教授のデジタル「著作目録」（業績表）と著作（現物）の提出を義務化すればいいだけだからだ。これは学生サービスとしても、大いに役立つ（にちがいない）。

3 「定年」後は、大学教授ではなくなる。「名誉教授」になるが、これはまさしく「名誉」＝「名前」以外のなにものでもない。

定年後は、全大学教授は、すべて「自力」「自前」で研究しなければならない。70歳で定年したあと、「なに」をし、「なに」を残すのかは、元大学教授＝学知者にとってはどうでもいいこと、2次的なことではない。

多少にかかわらず、研究活動が楽しい、精神衛生上いいだけでもない。積み残しだけでなく、ときによっては、新たな収穫が望めるからだ。すこしは「収入」が伴う場合だってある。重く記憶にとどめてほしい。

4　つけたしていえば、大学教授の「教育」にとって、欠かすことができないのが、著書を公刊することだ、といいたい。なぜか？　わたしの経験を語ろう。

教養課程で、国文学の講義（林助教授）を履修した。内容は源氏物語（宇治十帖）の輪読だ。すぐに、自分で源氏を読めばすむではないか、と思い、授業と単位を放棄（？）した。ところが、数10年後、林和比古『枕草子の研究』（1964）を手にする機会があって、教えられることがあった。林先生の学位論文であった。

もし林教授がこの著作を書くことがなかったなら、かつての学生（鷲田）が、先生から「なにごと」も教わることなく終わっただろう。同じように歴史（黒田俊雄、脇田修）、国文（田中裕）等々、専攻外の先生の著書から多くを学んだ。

著作は、教授の研究の成果であるが、同時に、学生が、いつでもどこでも、必要なときに学べる「教材」なのだ。これを残してこそ、大学教授＝研究教育者といえる。

7▼「研究」大学と「授業」大学

7・1▼「研究」大学

1　大学教授になる「足がかり《ファーストステップ》」は「どこでもいい」、まずは「定職」に就くことが重要だ、といった。とはいえ、大学には、その機能上、大別して、2種ある。「研究」大学と「授業」大学だ。

この種別は、大学教授にとって「どうでもいい」というわけにはいかない。

(1)ただし、純粋に「研究」だけを専らとしている、「研究専一」大学はない。この性格を持つのは、高度な研究者・専門家を養成することを目的とする、「大学院大学」（四大〈学部〉をもたない「独立大学院」）で、15年現在、国立で4校（総合研究大学院大学等）、公立で2校（産業技術大学院大学等）、私立で18校（国際大学、事業創造大学院大学等）にすぎない。

(2)「研究大学」と「授業大学」の種別《カテゴリー》は、アメリカの大学に明確にある。だが、現状、まだ日本ではなじみがほとんどない。というのも、両者の違いは、日本では、「中心」（あるいは重点）をどちらに置いている（おこうとしている）のか、という点にあるからだ。

アメリカは、連邦政府から受けた研究助成金総「額」で、「研究大学Ⅰ」「研究大学Ⅱ」とランク分けする。

「授業大学」は、研究助成金額が「研究大学」の基準に達しない大学で、授与称号《ディグリー》によって、博士号大学（Ⅰ・Ⅱ）、修士号大学（Ⅰ・Ⅱ）、学士号大学（Ⅰ・Ⅱ）、準学士号カレッジ（Ⅰ・Ⅱ）、特殊大学（Ⅰ・Ⅱ）の、8ランクに種別される。（とにかくアメリカは、数量化とランキングが好きだ。）

かつて（といってもそんな遠い昔、戦前のことではない。1970年前後を境として）、「教養」（授業中心）課程の教授と「専門」（研究中心）課程の教授には、明らかな種差＝格差があった。この格差は、待遇表（給与・昇級）や研究システム（研究設備・研究費・スタッフ）等におよんだが、現在、このような格差は、過去のものとなり、基本的に解消された、といっていい。

(3)また、「授業」中心の大学といっても、短大であろうと、四大の「一般教育《リベラルアーツ》」大学や職業大学であろうと、大学教授が、研究を「しない」あるいは「ないがしろにしていい」

という理由にはならない。

２　最近、マスコミ等で、「大学教授」と「大学院（大学）教授」の種別化が行なわれている。本人が大学院教授と称することさえある。

最初に確認しておきたいのは、**大学には短大、四大、大学院大学等の種別はある。しかし、そこに所属するメンバーは、すべて大学教授である。短大教授とは短大の教授、大学院教授とは大学院の教授のことで、あえていえば「短縮形」である。**

(1)大学院大学のほとんどは、四大（学部）を「基礎」（本流）にして、その「上部」（支流）に設置されている。形の上では、独立した組織体（多くは「科」として）であるが、実体は「学部」の「あと」（所属）の「学科」であり、その長は「科長」である。

(2)大学院教授とは、学部に属する、大学院の「授業」を（も）担当する教授のことだ。「講義」等で加算給はつくが、けっして、かつての「教養部」（旧制高校の機能を受け継ぐ）と格差のあった「学部」のことではない。特別待遇は、ない、とみていい。

(3)じゃあ、大学院教授《シニアプロフェサー》は不要で、有害無益だといいたいのか？　そんなことはない。高度な学芸知を研究し、教育する組織やスタッフの不在こそ、日本の大学の弱点であることは、間違いないからだ。

3　「はじめ」は「どんな」大学に属してもかまわない、といった。

(1)「総じて」どの大学に属しようと、大学教授の主仕事《メイン》は、「つねに」教育と研究である。給与が低い、研究費が潤沢でない、設備が貧弱だ、僻地で不便だ、等は、研究・教育ができない・しない理由にはならない。泣き言の類いだ。

(2)弱小大学だからこそ、手をこまねいていないで、いい研究をし、その成果を学生に教育し、その評判（評価）で大学に熱心な学生を呼び込み、大学の充実をはかる必然（必要）が生まれる。こういったのは経済学の父アダム・スミスだ。夏目漱石は、新聞屋も商売なら、大学屋も商売だ、と書いた。大学教授が大学屋（学商）である核心だ。

(3)もっとも、自分が専攻する学芸知を、より適切かつ効果的に、研究し教育する「場」（大学）と「人」（教授）がいるところで学びたい、指導されたい、ともに研究・教育したい、と思うのは、「人欲」（human nature）である。その「我欲」を満たしたいと思うのが「人情」だ。ステップ・アップを図る動機の核心でもある（だろう）。

(4)だが「先生」と「生徒」の関係は難しい。一筋縄ではゆかない。

わたしの経験則にすぎないが、「教授」と「学徒」の関係は、学知の関係だけでなく、利害関係が絡み合う。「先生」とは、可能なかぎり、「地位」や「利害」関係を薄くしてつきあうのが、いい。

わたしにとって、学知上の「先生」は、吉本隆明、廣松渉で、近接を避け、書物上の「先生」ということを主としてきた。谷沢永一とは「師弟」関係を結んだが、大小にかかわらず、大学・人事関係を避け、基本は学知と書物を通じて交わった。いずれも「学恩」の師だ。

『論語』に「有朋自遠方来　不亦楽」（朋有り、遠方より来たる。亦た楽しからずや）（学而）とある。「朋」（学問上の友人）が、遠くからやってきた。意が通じ、楽しい、ということだ。わたしは、これをごく単純に、「遠方」の「朋」だからこそ、「隔意」なくつきあうことができる、と解してみたい。

7・2▼研究大学(research university)

1　日本にも「研究大学」というカテゴリーが、「ことば」としてはある（できた）。

2013年、文科省に「研究大学強化促進事業」が新規に設置された。はじめて「研究大学」ということばが、公的に登場したのだ。この事業目的である。

〈近年、我が国の論文数等の国際的シェアは相対的に低下傾向にあり、大学等における研究体制・研究環境の全学的・継続的な改善や、研究マネジメント改革などによる国際競争力の向上が課題となっています。

このような状況を踏まえ、世界水準の優れた研究活動を行う大学群を増強し、我が国全体の研究力の強化を図るため、大学等による、研究マネジメント人材群の確保や集中的な研究環境改革等の研究力強化の取組を支援します。〉

ま、ざっくばらんにいえば、日本の大学のランクが低いのは、論文数の少なさに表れているように、国際競争力が低いからだ。この国際競争力向上のため、文科省が支援したい。よろしく公募されたい、だ。

ここには、なぜ、日本の研究論文等が低い評価しか受けないのか、その分析がない。

2　この支援事業に「公募」し、「配分」決定の指名をえたのが、国立大17校、私人2校（慶・早大）、大学共同利用機関3校（自然科学研究機構等）の計22機関である。その支援総額64億円（初年度14年）↓62（15）↓55・8（16）↓54億円（17）という推移だ。

4年で10億円の減額という、先細り状態なのだ。奇妙というほかない。「研究」大学の支援推進は「これ以上必要ない」ということでは、ないだろう。

文科省は、「研究大学」の「名前」だけを借りて、「研究」助成の実体をまったく無視し

ているというほかない。近年、予算増のために奔走する文科省の新規事業の一環にすぎない、といってみたくなる。

17年、東大・東北大・名古屋大・京都大はともに3・33億円の支援を受けた。誰の・どんな研究に対する助成金《グラント》ではない。「定員」枠や国立大「交付金」や私学「助成金」、あるいは「科学研究費」等のように、文科省からの「予算配分」である。

とりあえず、国（文科省）がかかげた「研究大学」（支援事業）は、ここでまるごと無視していい。なぜか？「研究」の実体を少しも反映していないからだ。

3　歴然としているのは、**文科省が指定した19大学（＋2）だけが、「研究大学」ではない**、ということだ。

実体は、研究を「中心」とする大学、というわけでもない。「研究」がない、必要ではない大学などというものは、はたしてあるのか？　それはもはや大学ではない、といってみたい。

研究に重点を置く、したがって、せいぜい研究所や個人研究費が「ある」大学、という程度のことになる。大学（四大＋短大）のすべてに該当する、といっていい。

7・3▼授業大学(teaching university)

1 「研究大学」は、文科省が「支援」する19校だけで、他は「授業大学」か、ということになりかねない。もしそうなら、ほぼ残りすべてが、「授業大学」ということになりかねない。

大学は教育・研究機関だ。教育とりわけ「授業」がない大学は、存在しない。「研究」も、組織的（研究所等）はもとより、個人的にも必須だ。ただし、「研究」（がある）は、大学の必要条件であって、十分条件ではない。

十分条件には、研究所（予算とスタッフ）の設置や研究実績の発表（公開）がなければならない。これもほとんどの大学で、大小・多少にかかわらず、存在している。では問題は何か？

2 大学では、「授業」が、たんなるスピーカー（テキストの受け売り）であっては困る。「研究」成果を介したものかどうか、にかかっている。

それに「授業」に直結する研究と、直結しない研究がある。したがって、「授業大学」とは、研究に直結しない授業が、授業の過半以上を占める大学といっていい（だろう）。

現在、授業大学は、この規定でいうと、専門学部のない（リベラルアーツ）大学、専門の学知者や技術者を養成しない大学、すなわち四大・短大の大部分を占める、といっていい。

3　だが、内容からいうと、四大までは、東大であろうと、慶応であろうと、稚内北星大であろうと、「専門」科目を授業しても、「授業」校である。教養的な専門を教えることはあっても、経済専門家（エコノミストあるいはエキスパート）の養成を主眼としているのではない。

アメリカでもこの点は同じで、研究大学Ⅰ・Ⅱと非研究大学は、研究費（助成金）獲得額の多少によって決まるのに対し、授業大学のカテゴリーは、学位称号《ディグリー》によって決まる。ただし、博士号（Ⅰ・Ⅱ）、修士号（Ⅰ・Ⅱ）、学士号（Ⅰ・Ⅱ）等の違いは、授業の「質」の違いを必ずしも意味しない。単科大学（カレッジ）で、むしろ、質の高い授業を展開し、エリートの大学院に進む学生を生み出しているところは多い。

7・4▼大学教授は、いずれにしても、最低2つの「テキスト」を書く必要がある

1　「教育」と「研究」が不可分である。これが、「研究所」や「人材育成センター」と

異なる、大学の特長だ。

何度もいうが、研究に重点がある大学院だろうと、講義に重点がある四・短大であろうと、講義や演習のための研究と研究のための研究が、ともに必要なのだ。大学教授の必要条件だ。

2　大学教授に必要なのは、授業のノルマを果たすこと、研究論文の基準数《ノルマ》をそろえることではない。これはいわば「外形基準」（数量）の問題にしかすぎない。

重要なのは、「研究」の内実を示せるかどうかにかかっている。（すでに述べたが、）公的な判断材料になる、講義には自著のテキストが、研究には自著が必要になる。これがなければ、研究水準いかんの判断基準がないことを意味する。

3　忘れてならないのは、「研究」にはステップがあることだ。大枠、初・中・後期の違いだ。

かつて、哲学概論は「普遍的」（普く変わらない）を旨とする。したがって、毎年、同じ内容をくりかえす、それがオーソドックスなのだ。こういわれた。「格言」や「洒落」をいう部分が、同じだったところを見ると、O教授の「ノート」には、ここで「名言」を挟み、ここで「笑わせる」、などと書かれていたに違いない。

テキストは、講義の数に合わせて、3段階＝3種必要になってくる。研究論文・研究書も、進化する。これは、意識的に目指さなければ、難しい。

初期（未熟時）。講義テキストは、可能なかぎり独自（独善）さを控えめにし、多くの先人に「倣う」ということが主眼になる（だろう）。研究論文はむしろ狭い「専門領域を深掘り」するというやり方になる（だろう）。

研究の進化、広がりの推移にあわせて、講義テキストを書き換える必要が出る。自分の研究成果が、テキストに反映するだけでなく、独自の研究成果を広い視野で捉え直すことが出来るようになる。講義のテキストこそが、変化して（書き直されて）当然なのだ。

III 大学教授になる方法

0▼大学教授には、資格も学歴も無用だ。偏差値50前後程度、つまり「凡人」でもなれる

これが『大学教授になる方法』（1991）以来、わたしが掲げてきた基本テーゼ（根本命題）だ。

大学教授になるには、複雑怪奇な手法は無用だ。正攻法でゆくがいい。そう、「記録」がものをいう、アマスポーツ選手に似ている。3点指摘するが、同じ1つのことだ。

1　大学教授になる唯一無二の「方法」は、他になにがなくとも、よき研究をし、それを論文（著作）にすることだ。これを「業績」（works）という。

2　しかも、失敗論文を書いたとしても、へこむ必要はない。何度でも改良可能なのだ。

否、むしろ、研究を深め、見識を広め、改良に改良を重ねることで、よき論文は生まれるのだ。こう断じていい。

3　もちろん、大学教授選考も、人事だ。情実を含めて、さまざまな「政治力学《おもわく》」が働く。しかし、よき業績の前には、頭を垂れる、というのが大学教授の世界でもある。このことを信じないと、つとめて実行しないと、この世界で快活に生きてはゆけない。よき仕事をすることが難しい。（わたしは）そう思ってきたし、あなたたちにもそう思えたらいいのだが。

8▼大学教授の「資格」

1　日本の大学教授になるには、「資格」がない。ひとまずこういおう。厳密にいえば、医師・弁護士・税理士免許や高中小教員免許のような「免許」資格が無用だということだ。ただし、どこの国でも、無「資格」で大学教授になる人はいる。あるいは、「資格」があるから、大学教授になれるわけではない。「大学教授になるのに資格はいらない」は、通常、この意味に解すべきだろう。

2　ちなみにいえば、大学教授は、学歴がなくても、偏差値が通常（45〜50）程度でも、なることができる。これも何も特別なことではない。高学歴、高偏差値が、大学教授になる条件ではない。学歴や（入試）成績の高低が、大学教授採用の決め手となるわけではない。これはどんな仕事（職）に就く場合も、同じだ。

3　何だ、大学教授の採用も、普通の職業と同じじゃないか、と思われては困る。第1に問われるのは、専攻する学芸知の能力と実績だからだ。研究教育能力があることを証明する、実績だ。とくに重視されるのは「学術論文」だ。

以上のことを注記して、進もう。

8・1▼「博士」という「資格」

1　欧米社会、とりわけ大学にいくと、必ずといっていいほど、「ドクター・ウォシダ！」と挨拶される。わたし（鷲田）は博士号（PhD）をもっていない。だが大学教授である（あった）。「ドクター」称号は、厳密にいうと、間違いだ。だが訂正はしない。なぜか？

欧米では、大学教授は、博士号があることが前提条件＝「資格」だからだ。博士号をもたない大学教授（大学の教員・研究スタッフ）は、稀にいる。だがアメリカで博士号のない（取るチャンスを逸した）准教授にはお会いしたが、教授ではほとんど稀だった。日本では、博士の学位は、大学教授になる（である）必要条件ではない。

2　この点、日本の大学教授は、弁護士や公認会計士と異なって、「無資格」の世界に住んでいる、ということができる。事実、わたしの先生（1960年代までの教授）たちの多くは、博士号をもっていなかった。もっている人も、教授になってからえた（授与された）人がほとんどだった。

博士号がなくても、大学教授になれる。これが日本の伝統、特徴だ。

ただし、1990年代以降、理・文系を問わず、博士課程中に「学位論文」を大学（院）に提出し、博士号を獲得する人が珍しくなくなった。というか、普通になった。逆に、博士課程にいる間、前期で修士論文、後期で博士論文を提出することを半ば「強制」されるようになった。新しい世界標準の伝統が生まれた（といっていい）。

3　純形式的にいえば、大学教授は、「学歴」さえも必要としない、極端にいえば、義務教育を修了していなくても、なることができる職業なのだ。資格を必要としないとは、医者や弁護士、保育師や教師が、公的な「国家」試験という共通の資格＝門をくぐらなければならないのとは異なり、「さまざまなコース」をたどって望みを達することができるということを意味する。「大学教授に、資格はいらない」というもうひとつの理由だ。

8・2▼文科省の「資格」

1　ただし、運転免許のような「資格」（国家試験）はいらないが、「大学教員の資格」は「いちおう」規定されている。「大学設置基準」（文科省令）においてだ。説明が必要だ。

〈第四章　教員の資格〉

（教授の資格）

〈第十四条　教授となることのできる者は、次の各号のいずれかに該当し、かつ、大学における教育を担当するにふさわしい教育上の能力を有すると認められる者とする。

一　博士の学位（外国において授与されたこれに相当する学位を含む。）を有し、研究上の業績を有する者

二　研究上の業績が前号の者に準ずると認められる者

三　学位規則（昭和二十八年文部省令第九号）第五条の二に規定する専門職学位（外国に

おいて授与されたこれに相当する学位を含む。）を有し、当該専門職学位の専攻分野に関する実務上の業績を有する者

四　大学において教授、准教授又は専任の講師の経歴（外国におけるこれらに相当する教員としての経歴を含む。）のある者

五　芸術、体育等については、特殊な技能に秀でていると認められる者

六　専攻分野について、特に優れた知識及び経験を有すると認められる者〉

(1)まず確認したいのは、一〜六号の〈いずれか〉に該当することが、教授の〈資格〉とされていることだ。「博士の学位」もその一つだ。

(2)ただし「二」にあるように、博士号をもたなくとも、〈業績が博士に準ずると認められた〉ものとある。だれが認めるのか？　教授会だ。教授会さえ、その業績を認めれば、有資格者となる。

(3)〈学位〉（四・二大、あるいは外国の大学で取った卒業証）をもち、専門分野で〈実務〉上の業績をもつ。

(4)大学（外国の大学を含む）で、准教授や専任講師の経歴をもつ。

(5)芸術、体育等では〈特殊な技能〉を有するもの。
(6)以上が全部満たされなくとも、つまりまったく〈資格〉がなくとも、「六」にあるように、〈特に優れた知識・経験〉を有すると認められたもの。

以上、各種学位（博士号を含む）、准教授・専任講師採用、専門の業績や技能、等々、これらをすべて〈有する〉と認めるのは、採用者側（大学・教授会）である。この点で、各企業や個人商店の「採用」基準（資格）と変わるところはない。

「資格」があって「ない」、つまり無資格の世界である、という理由だ。

2　「準ずる」

〈准教授の資格〉

第十五条　准教授となることのできる者は、次の各号のいずれかに該当し、かつ、大学における教育を担当するにふさわしい教育上の能力を有すると認められる者とする。

一　前条各号のいずれかに該当する者

二　大学において助教又はこれに準ずる職員としての経歴（外国におけるこれらに相当する職員としての経歴を含む。）のある者

三　修士の学位又は学位規則第五条の二に規定する専門職学位（外国において授与され

たこれらに相当する学位を含む。）を有する者
四　研究所、試験所、調査所等に在職し、研究上の業績を有する者
五　専攻分野について、優れた知識及び経験を有すると認められる者
（講師の資格）
第十六条　講師となることのできる者は、次の各号のいずれかに該当する者とする。
一　第十四条又は前条に規定する教授又は准教授となることのできる者
二　その他特殊な専攻分野について、大学における教育を担当するにふさわしい教育上の能力を有すると認められる者
（助教の資格）
第十六条の二　助教となることのできる者は、次の各号のいずれかに該当し、かつ、大学における教育を担当するにふさわしい教育上の能力を有すると認められる者とする。
一　第十四条各号又は第十五条各号のいずれかに該当する者
二　修士の学位（医学を履修する課程、歯学を履修する課程、薬学を履修する課程のうち臨床に係る実践的な能力を培うことを主たる目的とするもの又は獣医学を履修する課程を修了した者については、学士の学位）又は学位規則第五条の二に規定する専門職学位（外

国において授与されたこれらに相当する学位を含む。）を有する者
三　専攻分野について、知識及び経験を有すると認められる者
（助手の資格）
第十七条　助手となることのできる者は、次の各号のいずれかに該当する者とする。
一　学士の学位（外国において授与されたこれに相当する学位を含む。）を有する者
二　前号の者に準ずる能力を有すると認められる者〉

以上、准教授・講師・助教・助手にわたって、各種資格が細かく規定されているように思うだろう。だが、だ。

8・3▼「助教」に採用されれば

1　重要なのは「専攻」分野の「能力」（知識と経験）いかんである。しかも准教授は教授に、講師は准教授に、助教は講師に、助手は助教に「準じる」「能力」とされていることだ。

つまり、助手に採用されたら、助手↓助教↓講師↓准教授↓教授へと進むことが、〈実

績〉次第だ、と暗々裏に書かれていることだ。これを逆にいうと、どんなに能力があり経験を深く積んでも、教授会が「昇格」にＯＫしないと、不能になる。人事には情実が絡む。大学も変わることがない。

ただし、現状からいうと、助手と助教、助教と講師の間には、多少とも、「溝」がある。教授・准教授・講師は、教育・研究の「既」能力が要求されるからだ。

とはいえ、専門上の「実績」しだいだから、この溝は、年齢上あるいは職制上の違いにすぎない場合があるから、越えにくいわけではない。

2　教員各自の「能力」を決めるのは、業績・実績にもとづく教授会（大学）であって、大学が能力ありと判定すれば、ＯＫ（採用）となる。だが実情は、かなりいい加減で曖昧な「さじ加減」による決定もある。

3　「設置基準」とあるが、文科省令だ。

(1)もとより、個々の教員の採用・審査を文科省が行なう（査定する）のではない。人事は大学の「自治」（自己決定力）の根幹にかかわることだから、各大学で実情に合わせた「内規」が決められ、実施されている。

(2)ただし大学の設置（新設や学部増設等）に関して、事前に、文科省の承認（人事の査定も含む）を必要とする。これを除いて、「人事」は大学（教授会）の「裁量」で決まる。

⑶この最低限とでもいっていい「査定」にさえ通らない、業績や実績、能力や経験がない教授等がいる。最近、少なくなったといっても、なくなってはいない。でたらめ・いいかげんな人事が行なわれている結果だ。

以上、設置基準の規定は一応の「目安」にすぎないのだ。それも、教授会にとっては、文科省に申請する学部増設・再編等がない限り、無視してもかまわない「目印」にすぎない。こう思われてもいい。

だから情実の（闇）人事がまかり通っているのか？　そんなことはない。人事は公開され、業績が審査され、投票で決する慣行が、完全ではないが、大筋で、できあがってきている。

ただし人事だ。業績一本槍ではない。同僚として迎えるにふさわしい人（人格？）かどうかも、選択肢に入る。とんでもない奇人はいるものだ。

9▼「普通」コース……研究者養成機関を経る

9・1▼博士課程に入る

大学教授になるには、さまざまなコースがある。そのうち**「最も簡単」なコース**は何か？

けっして「無資格」のコースをたどることではない。これはじつに超特殊なコースで、よほど能力のある人か、あるいは正反対に、賞金X億円に当たるような「僥倖」を頼りにするような挑戦だからだ。まずこのことを頭に入れて欲しい。なぜか？

1　普通のコースとは、だれもがたどることのできる「正道」だ。その中でも、もっともスタンダードで、したがってだれにでも勧めたいのが、最高学府である大学院博士課程に進むことだ。えっと思われるだろうか？　博士課程って、最難関じゃないのか、最長時間を要するのではないかと？　そういう見方もあるが、ここではそうじゃない。

(1)博士課程《コース》は、専門の知識と経験をもつ学芸知（arts and sciences）を養成する唯一の大学院（graduate [postgraduate] school）である。ここに入り、出ると、高度な専門の知識と技術を修練したものとみなされ、学芸知の専門家として「登録《エントリ》」される。

(2)この博士コースには、2コース、前期（修士）と後期（博士）がある。

注意すべきは、この2コースを**「出る」にはそれぞれ2種あること**だ。**「中退」と「修了」**で、すこし説明がいる。

修士の必要単位数を満たし、修士論文を提出すると「修了」となる。だが自動的に博士課程に進むことができるわけではない。

たとえ修士論文がパスしても、指導教授のOKがでないと、博士課程に進むことができない場合がある。ここで一度セレクトされるわけだ。

何だ、修士論文という「難関」があるじゃないか、といわれるだろう。だが、修士論文は、複数教授の「審査」をパスした、専門の学芸者がえる最初＝前段の「証明書」なのだ。

(3)博士課程に進み、必要単位をみたしても、博士論文を提出し、パスしなければ、博士課程「中退」になる。（1980年代まで、博士課程を「修了」したと履歴に書いた、大部分のひとは、博士論文未提出で、正式には「博士課程単位修得満期退学」「中退」であった。）

博士論文がパスすると、「公表」が義務づけられる。博士号は、専門の学芸者が得るスタンダードな「証明書」である。

2　では大学院に入ったが、「修士論文」はパスしなかったり、あるいはパスしたが水準未満とされ、博士（後期）課程に進めなかった。また、後期課程に進んだが、「博士論文」が未提出あるいはパスしなかった。この2つの場合、大学院に入った「益」はなかった、むしろ無駄だった、というべきなのか？　そんなことはない。

(1)修士論文がパスしなかった。中退だ。だがこれは、修士に入ったという「実績」になる。もし続けて研究したいなら、他大学院に「移る」ことができる。

(2)修士論文はパスし、修士号を得た。専門の学芸者の「登竜門」＝「入場パス」をえることができた。

(3)修士論文が、A大学院のB教授には「評価」されなかったが、C大学院のD教授のメガネにかなうというケースもある。C大学院博士課程（後期）にはいって、学位論文を提出し、OKをえるチャンスがある。

(4)学位（修士号や博士号）を得ることは、学芸知の高さと直接関係ない。大学教授になるための、もっとも確かな外形標準（external standard）の一つである。さらにいえば、大学教授能力の持ち主である、というスタンダードな証明書なのだ。

1980年代まで、大学教授になるために、学位論文が必要とされなかった。ために、(当時の)助手・助教授・教授の選考が、「恣意」や「主観」によって左右されるケースがあった。
3 **大学院に入ることで最も重要なのは**、純化すれば、**研究し「論文」を書くことだ。**すなわち、5~10年間、じっくり研究し、専門の学芸者(大学教授)として認められるだけの業績をつくることだ。これが大学院に進む最大の「効用」である。
結果、大学教授になる人もいるし、企業で研究のエキスパートになる人もいる。まったく畑違いの分野に進む人もいる。いずれの場合も、大学院で研究し、博士論文等にその研究を結集したことが、役に立つ。いくつかコメントをしよう。
(1)この期間、身分上は、「学生」である。学費を払い、講義を受け、単位を取り、論文を提出する点で、だ。だからこそ、専門研究に集中できる。
同時に、「研究」学生として、四大生とは異なる研究「特権」、研究に必要な設備(院生専用合同研究室や情報機器等)の使用や、研究媒体(研究発表・学会参加・論文指導等)の活用等の便宜を得ることができる。

⑵この期間、ぜひ身につけたいのは、研究する（日常）習慣だ。

研究プランや資料集め、執筆収集等も重要だが、**最も重要と（わたしが）思えるのは、「研究習慣」の確立**である。日・週・月・季節・年・5年・10年にわたる研究プランの作成と、その実行の習慣《ハビット》を身につけることだ。

「作家とは何か？」と問われて、「毎日、机の前に座る人。」と答えた人がいる。これに倣えば、「研究者とは何か？」と問われたら、「毎日、研究机に座る人。」と答えることができる。

毎日、（研究机であるかどうかに関係なく）研究する。これが、院生の間に身につかないと、一生身につかない、と思っていいのではないだろうか？

⑶大学院時代の最大目標は、博士論文を書くことだ。提出して、学位が取れなくても、その努力はけっして無駄にはならない。書き直して、著書にする方法もある。別な大学院の教授に、「再審査」を請うことも可能だ。つまり、いい加減に書かれた論文でないかぎり、ゴミではない、「再生」可能ということだ。

4　大学院生の5～10年間は、働かない。基本的に、定職をもたない。

では、生活費や研究費はどうするのか？　これが問題だ。ミミッチイことになってきたが、最低限、以下を勧める。

(1)支出を減らす。酒、煙草、パチンコ等々はやめなさい。

(2)収入の基本は、バイトだ。専業は、よほど頑強な人でなければ、無理。有害になる。基本は、最小限の生活費を得るために「時間」を割く。割のいい（よすぎる）バイトは、研究生活を迷わし、ネグレクトさせるもとになる。それだけでなく、人間を腐らせる。

(3)親（きょうだい）の援助、奨学資金等を、研究資金のためなら、積極的に当てにしていい。もちろんさまざまな「融資」も利用すべし。自ら申し込みなさい。

ただし、無駄な投資にしないこと、重要なのは研究成果をもたらすことだ。それに奨学資金や援助は、必ず返済する。借りたモノは、自分のものだ、式の生き方、（とくに）研究生活は、「剽窃」や「破廉恥」類の温床になる。

などと書くと、何だ、ミミッチイ生活だな。こんな生活をもっともエネルギーのある20代に送って、何の益があるのか、と思うだろう。**エネ満タンの20代だからこそ、素寒貧の（研究）生活が可能なのだ。暇があり、金があるから研究ではない。好きで、エネルギーがあるからこそ、研究なのだ。**こういいたい。強くだ。

9・2▼博士号を取る

大学教授になる（採用される）最短コースは、博士論文を書き、博士号を取ることだ。最短（というか標準）で、四大＋「二＋三」院＝9年で、卒論・修論を含めると、自力で書いた論文3本ができあがる。これで、どこへ出しても恥ずかしくない最初の「業績」（works）ができあがる。3つだけコメントしたい。

1　大きなテーマの1部からはじめる

博士論文だ。リキが入る。誰も手がけたことのない遠大かつ深遠なテーマを実現したい、と思うかもしれない。時間もたっぷりある（ように感じられる）。だが、これははじめから「完成品」を望むようなもので、時間的余裕があればあるほど、失敗が約束されたやり方なのだ。

(1)じゃあ、はじめから「処理可能」なテーマを選び、こぎれいに処理するほうがいいのか？　そんなことはない。それに面白くないではないか。評価も低くなる。

伊能忠敬（天文方の実測予定者）は、はじめから「大日本沿海輿地全図」を目指したわけではない。忠敬がはじめたのは「蝦夷地沿海図」（松前・箱館から根室まで）である。

なぜ遠い、未開かつ不便な蝦夷からはじめたのか？

沿海図の作成の目的は、「海図」そのものになく、「子午線1度」を実測・確定するために、「長距離」を実測する必要があったからだ。ところが、江戸期、日本各地は独立状態の300藩（states）に分かれていた。その自治を侵さずに測量することは難しい。19世紀初頭、蝦夷沿岸部は幕府直轄であったから、やむをえずしかも私財を投じて、蝦夷地まで足を運んだのだった。「五里霧中」、これを第一歩に、忠敬の「全図」完成が進んでいった。（ま、万事、こんな上手くはゆかないが。）ただし、「沿海輿地全図」は一生の事業だ。

(2)大きなプランがある。期間がかぎられている。準備は万全が理想だが、そんなわけにはいかない。期間内（たとえば3月、あるいは6月以内）に、建物のプランの一部を書きはじめ、建物の一室なりをきちんと仕上げる。これが基本だ。全体は点線でもいいが、その一部を使い物になるように完成させるのだ。これが「作品」というものだ。

(3)それに執筆枚数をはじめに決める。これが肝心だ。エッ、枚数に制限はない、ではないのか？　その通りだ。博士論文に枚数制限は、ない。だとしても、否、だからこそ、期間内に、決めた枚数で仕上げる。これも論文を書く能力《コツ》の一つなのだ。

研究テーマを、卒論、修論と段階を踏むごとに、論の全体プランも、その細部も、少しずつはっきりしてくる。その集約＝頂点に博士論文を位置づける。これができたら、学生（研究）生活9年間はよほど充実したものになるに違いない。

2 処女作にはすべてがある

(1)「卒論」が処女作だといえる人はいる。才能の問題でもあるが、（わたしにとっても）卒論とは、（通常）、読み直すのはもとより、表紙を見るのさえ恥ずかしい「代物」だ。あくまでも「習作」にすぎない。しかし、卒論が大学教授になる「方法」（way）の出発点であることは間違いない。

(2)「修論」は難しい。「修論」のできしだいで、研究者としての能力のあるなしが、はじめて「判定」されるからだ。最初の「難関」だ。

ただし修論は、スポーツ選手の能力判定と似ているが、「完成度」というよりも、視点の新鮮さ、論究の鋭さ、展開の鮮やかさ、研究意欲の大きさ等、「可能性《ポテンシャル》」がより大きく問われる、といっていい。この意味で、「習作」の類いに入るとはいっても、もとより修論は重要だ。

卒論や修論の困難は、先行する関連文献の繙読・読解を必要とすることだ。この手順を踏まないと、どんなにすばらしい論述と（本人が）思っても、「剽窃」はもとより、「模倣」とみなされ、却下《アウト》の判定が下される。

(3)もちろん、日本で、修論は、大部分の大学教授志望者（予備軍）が博士論文を書かなかった（書く習慣がなかった）時代には、紀要等で活字になり、大学教授への「登竜門」の役割を果たした。したがって、日本の大学の「修論」は、欧米大学の「博士論文」と同じ意味を担ってきた、といっていい。

欧米の博士論文は、学位の最高峰に位置づけられている。軽くみてもいいといいたいのではない。だが、粗製濫造も混ざっている。形だけ整えたものもあり、「タイトル倒れ」のものがある。少なくない。厚いが、中味はなく、公刊できない代物も少なくない。

だからこそ、重ねていいたい。修論や博士論文も含め、30代前後に、研究者としての成否を問う、「処女作」＝デビュー作を書く必要があることを力説したい。

3　教授たちの査定

(1)修士論文や博士論文には、専攻分野の教授たちによる審査がある。論文と口頭の審査だ。

(2)論文は、もとより「学術論文」に限られる。「学術」で何を意味するかは、「専攻」分野でかなり異なる。

(3)修士・博士論文の審査で、はじめて研究審査の「洗礼」を受ける。これは、「厳しい」と覚悟したらいい。そしてこの洗礼こそ、研究する学生にとってもっとも「嫌だ」が「貴重」なものだ。

特に口頭審査（試問）は過酷な場合がある。だが注意したいのは、審査の過酷さが審査の「可否」に直接関係しないことだ。もちろん、落とすために難癖をつけるような教授はいる。だが、この最初の論文を読み、判定するのは、手間暇のいることなのだ。「有り難い」とだけは承知したい。

(4)当然、「否」の判定もありうる。再チャレンジするしかない。主任教授と反りが合わない等、特殊な事情があり、自分の論文の内容に相応の自信があれば、別な大学院に転身する道を選択するケースも考えに入れるといい。もちろん、希望の大学院の教授に、事前に自分の修論を読んで貰う必要はあるが。

9・3▼研究論文を書く

1　研究・教育者、とりわけ大学教授になろうと思う人は、誰になんといわれようと、論文を書くチャンスがあれば（与えられれば）、書かなくてはならない。そのための準備が必要だ。なにせ、研究論文こそ、研究業績の「唯一無二」の存在形式なのだ。

かつて（1970年代まで）、論文を書くなどというのは、ましてや著書を出すなどというのは、研究者の卵（大学院生）にはおこがましい。慎重にも慎重を期すべきだ。こういわれた。研究業績を積むことを、むしろ「抑制」されたのだ。わたしもその例外ではなかった。

というのも、大学教授（たるもの）は10年間に1本、いい論文を書けば足りる、などと「自慢げ」にいう人もいたのだ。著書は、一生に1冊仕上げれば、十分かつ満足だ、とされた。業績の少ないことが、大学教授として、むしろ「清潔」な生き方なのだ、とされるケースもあった。

なにごとにも例外がある。論文1本、著書1冊もたなくても、すばらしい研究・教育生活を送った大学教授はいる。ただし、わたしがであった教授には、残念ながら、いなかった。

2　学術論文だ。週刊誌やマンガのように、大量生産できるはずがない。準備がいる。仕込みが必要だ。労力も時間もかかる。右から左とはゆかない。こういわれるかも知れない。その通りなのだ。

だが、学術論文だとて、書かなければ、つねに書いていなければ、書く力がつかず、書けなくなる。書くこととは、最大の深く考えることに連なるのだ。特に、若いとき、書かなければ、思考が低下するだけではなく、書くことを生活の中心におくことができなくなる。

「大量生産＝是」としたいのではない。だが、世界標準《グローバルスタンダード》にふさわしい知的な仕事をした学者で大学教授、たとえば梅棹忠夫（文化人類学）、小西甚一（国文学『日本文藝史』）、中村幸彦（国文学『近世的表現』）、岡田英弘（歴史学『世界史の誕生』）、伊谷純一郎（自然人類学）、南部陽一郎（素粒子論）、田中美知太郎（哲学『プラトン』）、柄谷行人（哲学＝文学）等々は、多産家にして質の高い作品を数多く残した。

じゃあ、大学教授になるためには、一路、学術論文作成に邁進するのがいいのか？断然いい、と断じたい。「下手な鉄砲、数打ちゃ当たる。」ではない。鉄砲同様、論文も、「数を撃たなければ、当たるようにならない。」これこそを、事実が証明している。

3　しかし、むやみやたらに、闇に向かって撃っては無益だ。無駄だ。消耗だ。すぐに撃ち尽くす。じゃあ、どうするか？

こと学術の世界では、ものをいうのが読書力だ。読解力であり、それを支える読書量だ。

(1)「読む」とは、「世界」を読むことだ。書物の世界に限らない。この通りである。だが、「百聞は一見にしかず」といわれるが、「見聞」だけで学芸知の世界は開かれない。専門の参考文献をはじめ関連書を読まない人間に、たとえ大学教授の道は開かれることがあっても、学問上の収穫は少ない。こう思って欲しい。極論すれば、まずもって専門家、いわゆる「学者馬鹿」になる必要がある。

(2)ただし、自分の専攻分野にしか関心をもたない人、いわゆる「たこつぼ型」の研究者では、教育と研究の両面において大きな展開は望めない。ときに、偏頗で辺境を好む、変わり者が生まれる。(ま、寂しいだろうが、これはこれでいい。)

(3)専門外の書物、いわゆる雑書類を手に取らないと、面白味に欠ける学者が生まれる、と思っていい。何も世間一般が手を叩いてよろこぶ世界と交われなどということを推奨したいわけではない。あくまでも「書物」を通した世界との触れあいだ。できれば世間知と世界知をつなぐ通路を書物のなかに発見できたら、学芸知の世界も広がり深まるに違いない。

10▼「中級」コース

まず「中級」コースの意味を簡単に書こう。

(1)「**中級**」とは幅が広いことを意味する。**偏差値に直すと45〜55で、全体のおよそ半数(50%)**がこのなかに入る。ミドル《ミディアム》とはこのような大きな幅をもつ領域を指すのだ。

(2)では、中級コースとは、可もなく不可もない、誰でも進むことのできるコースのことをいうのか。そんなことはない。大学院博士課程(前・後期)が「普通コース」であるのに対し、「中級コース」とは、大学院修士課程(博士課程前期)を出るコースのことだ。

何だ、修士号を取るほうが、博士号を取るよりずっと簡単じゃないか、といわれるだろう。その通りだが、だからこそ、修士課程を出て大学教授になるのは、博士課程を出て大学教授になるより、はるかに難しい、といいたいのだ。「博士号」は、欧米のような最低条件という意味での「資格」ではないが、重い。

(3)出るには、かならず、入らなければならない。修士課程に入っても、修士号を取って出なければ、何にもならないのか、というと、そうではない。

修士課程に入る（が出なかった）意味についても、以下で書いてみる。

10・1▼修士課程を出て大学教授になる

1　修士課程に入る意味

修士課程は、学部と博士課程（後期）との「中間」にあるように、学部の延長的側面と、博士課程の初期段階という一側面をもっている。

⑴21世紀、高度な知識と技術が要求される、特に日本のような社会では、4年間だけで、グローバル社会に対応しうるような知識・技術を習得することはほとんど不可能である。特に工学部系の大学では、修士課程を出ないと、産業社会のなかで使いものになる知識や技術を習得するのが難しい、というのが、1980年代以降の常識となった。

だから、工学部系の修士課程の定員数は、産業社会の要請ということもあって、とてつもなく多い。つまり、従来、学部教育だけでカバーできたことが、今日では、さらに2年延長しないと習得できないという点からいって、**修士課程は、学部の「延長」である**、といいたい。（大阪大学工学部の学部と修士の定員は、ともに1学年800人前後で、若干学部の方が多い程度だ。）

したがって、修士課程だけが置かれている大学院の修了者は、今日では、ほとんどが、研究者ではなく、知識と技術を売る職業人（worker）になると思ったらいい（だろう）。

(2)だが修士課程は、そこを出てはじめて、自立した研究者と一応はみなされる博士課程（後期）へ進む前段階でもある。修士論文は、研究者としての能力いかんが審査される登龍門的意味をもつため、結果的かつ実質的には、予想・実質以上に重要なのだ。

(3)しかも、この**修士課程だけを修了しても、十分に大学教授の資格ありと認められる科目がある。外国語、保健体育、医療・福祉介護、芸術等の特殊科目、短期大学のほとんどの科目**等だ。

ただし、傾向からいえば、これらの科目でも、「競争」ということになれば、他の条件が同じ程度であるなら、博士課程を出ているほうが当然有利である。高学歴（修学・修業年限が長い）が優遇される傾向は、国内外を問わず、いずこも同じなのだ。

2　修士課程は入学しやすい

(1)修士課程だけが設置されている大学の大学院に入学するのは、意外と簡単である。むしろ歓迎される。総じて、「普通」コースより、入るのが、はるかにやさしい。修士課程と博士課程が設置されている大学院では、修士論文で研究者としての能力ありと認められることが、博士課程への進学が可能となる最低条件であるという「建前」からいえば、この「中級」コースは、自立した研究者として生きてゆくための「資格」云々という点では、問題の残るところがある。

(2)「中級」コースを経て大学教授になるタイプに、両極端がある。

稀だが、すでに修士課程在学中から研究者としての抜群の能力を示す者だ。つまり、博士課程に進まなくても、すでに、研究者としての能力を認知されたすぐれ者たちだ。すぐに「助教」に採用され、研究・教育に専念できるようになるケースが多い。

他は、博士課程に進学することは拒否され、したがって、独立した研究者としての能力を疑問視されるが、とにもかくにも、大学教授（助教や助手）の職につける人たちだ。1970年代以降、大学バブルの波に乗って教授職を得た人たちに、よく見かけられたが、現在でもよく見られるタイプといっていい。

ただし教育・研究能力は、学歴ではない。大学に職を得てからの実績にこそ依存する。これを無視していい、といっているのではない。

(3)修士課程**「中退」を、おろそかにしてはいけない**。

学士でも、修士でも、「中退」はある。しかし「中退」の意味をしっかり摑んでいなければ、大損失・失態を招くことになる。まずこれを知っておこう。

「中退」とは、「中途退学」の略だが、「修学年限の途中で、その学校を退学すること。また、退学した者。」(国語大辞典)という、辞書的意味(文字どおり)ではまったく理解不十分だ。
1.「中退」の法規的意味は、〈入学し、在籍し、退学するまでの期間の授業料を払い、退学届を提出し、教授会が退学を承認した〉学生のことで、その名前が学籍簿に残る。
「何だ、名前が残るだけか。授業料を完納するなんて、もったいない。それでなくても、邪魔くさい。どうせ辞めるのだ。関係ない。」こう思い、手続きをせず放ったままにしておくと、「除籍」され、「入学」者名簿からも消される。入学の痕跡もなくなり、学歴が消失するのだ。
2.「学歴」なんか問題じゃない。これはご立派なセリフだ。
「中退」者には「学歴」がつく。修士課程「中退」も同じだ。手続きを踏まず、中途半端で投げ出したら、専門研究者の道に進もうとした「意志の痕跡」さえ消えてなくなる。

こんな実例がある。わたしの旧知の人が、40代のはじめ、専門職に就いていたこともあり、短大の助教授に誘われた。

「大学も出ていない、専門も学んでいない。自学だ。」こういって、躊躇した。

だがこの人、大学にきっちり「入学」し、（理由をつけて）きちんと「中退」した。「学歴」はある（残っている）のだ。「専門職歴」は（中退後に）身につけた。十分とはいえないが、短大助教授になる必要最小限の条件（文科省設置基準）は満たしている。「ぜひ受けたら」と助言できた。
3.修士「中退」は、再入学・他大学院「入試」のとき、試験免除あるいは優遇されることがある。
「入学」の事実（合格通知、入学証明書等）があっても、「中退」していないと、「学歴」問題で「公文書」偽造（犯罪）を侵す場合がある。日本と外国では、「入学」や「卒業」の法規上の意味が違うから、これはよくよく気をつけたがいい。

K元首相が、議員になる前、「ロンドン大学の大学院に留学した。」という「報道」があった。だが、「入学」したのか、「夏期ゼミ」に参加したのか、「訪問」したのか、たんなる「遊学」だったのか、不分明であった。

10・2▼大学院の入試いかん

1　大学院を選ぶ

(1)大学進学は難易度（偏差値）で決まる。大学院進学は偏差値で決まるわけではない。大学院は、専攻・分野がより細分化される。より自分の選好・専門を生かせる専攻・分野に進むことが可能になる。

それに今日、インターネット等の進化もあって、各大学・大学院の専攻・分野、研究テーマ、担当教授等々を知ることがずっと容易だ。

京大農学部大学院には、6「学科」あり、その1つ「応用生命科」の分野だけで、細胞生化学、生体高分子化学、生物調節化学、化学生態学、……等、11「分野」（教室）に分化している。もちろん、北大の農学部から、京大の農学部大学院に進学することは、それほど難しくない。

中央大学（仏文科）には立派な大学院がある。中大から、東大大学院人文社会系（文学）研究科の美学専攻に進むことは、可能だ。もちろん「入試」はある。科目数が、ぐんと減る。重要なのは、「専門」と「語学」だ。外国語の得意な人は（特段）有利になる。

(2)大学院を変える理由に、「専攻」のほかに、スタッフ特に「教授」で決めるケースがある。

大学（学部）在学中、研究者の道に進みたい、という願望に火がつく。同志社大（経営学）卒で、ストレートに同大の大学院へ進んでも、その願いを叶えることは可能だ。だが、国際フォーラムの講演を聴いて感動し、その著書を読んでいっそう啓発させられた、K教授（神大大学院）の下で指導を得たい、というのは少しも無理な「願望」ではない。

(3)「学歴」など重要ではない。必要でもない。一人前のプロにとっては、そうかもしれない。

だが、日本であれ、外国であれ、プロになる前の「人間」にとっては、何を・どこで・誰に学んだかという「学歴」は、無視できない。否、きわめて重要なことだ。このキャリアは、必ず「仕事」（論文等）に反映される。

極端な例がある。高校時代は遊んでいた。大学は手ぶらでは入れ・出ることができるR州立大（「リベラルアーツ」）、大学院はちょっと努力すれば進めるM州立大で修士号、さらに、V大に転じてR・R教授（政治哲学の世界的権威）のもとで博士号を取り、一念発起、大学教授になろうとする。非常勤講師が長かったものの、NY大准教授になった愉快な米国人を知っている。

2　大学院を選ばない

大学院（専攻・分野・指導教授）を選ぶ。これは重要だ。しかし、大学院にこだわらない。これもことのほか重要だ。なんだ、いい加減なことをいうな、と思うだろう。そうではない。少しもだ。

(1) 大学院は「研究」するところだ。

大学院は、そこがどこであれ、何を教えられるのであれ、「研究」する場である。もちろん、自分が進みたい専攻や分野と違ったら、研究なんてとても無理だ、と思えるだろう。ただし、農学部に入って、経済学や経済史を研究することはまったく可能だし、生命倫理学だって不可能ではない。というか、かえってユニークで、面白い研究者が生まれる可能性もある。もちろん、国史（日本歴史）に入ったのに、文学の研究に専心するなんて、おかしいといわれるケースも生まれるが、文学研究の王道は文学史＝「歴史」研究にあるのだ。

加来耕三（1958〜）は、奈良大（歴史）を出て、同大研究員を務めた。『大久保利通と官僚機構』（1987）等で知られる、歴史研究をベースにした作家だ。その加来に『刀の日本史』（２０１６）という小さいが見事な著述（研究）がある。このひと、古武術・東軍流の伝承者でもある。歴史研究と家系（家の歴史）が結びついた見事なケースに思える。

(2)「鶏頭となるも牛後となるなかれ。」

自学自習、これが大学院だけでなく、すべての研究生活の基本だ。もちろん共同研究においても変わらないマナーだ。

「名門」（といわれるところ）で学び・研究し、「一流」の教授に指導を受ける。すばらしい、だけではすまされない。さまざまな人が蝟集するからだ。切磋琢磨というが、優勝劣敗ともいう。ときに指導教授が競争相手になる。「弟子」を蹴落としにかかる。稀ではない。

ほとんど大学院生も集まらない大学に進む。指導もなおざりだ。いいじゃないか。全空間と時間を独り占めできるのだ。最高の教授（「先生」）は「文献」（書物）である。歴史遺産だ。研究対象は、超大物、あるいは、誰も触ったことのない「小」作家でもいいのだ。しかも、成果を上げれば、特段に目立つ。東大では、端から黙殺されるような才能でも、弱小大学では、目立つ。花開くチャンスはある。本人次第だ。

(3)研究条件

大学院は、研究教育機関だ。**大学院生にとって、研究教育条件＝優遇措置の最大のものは、何か？　自主的に研究するチャンスが最大限に担保（保証）されていることだ。**各種奨学金等、研究資金援助もばっちりなら、いうことはない。無駄なアルバイトをしなくてもすむ。

アクセサリのような大学院でも、出身者に業績を残すような者が出ると、大学の「宣伝」効果抜群、大歓迎である。それに自校出身の大学教授、大歓迎なのだ。

研究業績を上げれば上げるほど、研究条件が良くなる。研究成果が生まれる。大学教授の道が開かれる。これ以上のことがあるだろうか。まさに努力次第だ。

ここでいいたいことは、どんな形・内容の大学院に進んでも、修士・博士課程で学究生活を続ける主体は、院生本人次第だということだ。「先生」は他所に求めることも可能だ。学芸知の世界は、才能が突出していなくても、偏差値ではなく、努力がものをいう世界なのだ。これだけでも、面白い世界といえないだろうか？

3　大学院に進む理由

これ以上、もはや説明はいらないだろう。大学院進学の理由、あくまでも大学教授になろうという人の理由についてだ。簡単明瞭に、割り切りたい。
(1)「資格」を取る。
(2)「論文」を書く。
(3)「自校」の大学教授を目指す。

10・3▼外国の大学院に進む

1 滔々たる、グローバリズムの流れ

1980年代まで、「国際化」という言葉がはやった。国・際＝「インター・ナショナル」で、ナショナル「間」＝国家と国家の関係という意味だ。「国家」の独立・独自性が前提となっていた。

ところが、1990年代以降、「グローバル」＝「地球」化が主流になる。人も物も、とりわけ情報が、国家の壁を簡単に乗り越えてゆく流れだ。その端的な証拠が、ドル＝基軸通貨に、英・米語＝基軸言語になったことだ。

かつて、ファッションは仏・伊語で、医学は独語で、文学は露語を知らなくては、ということがあった。ところがグローバリズムの時代だ、英米語のローラーにすりつぶされ、

独露仏伊中語などは、どの分野でも「地方語」になったといっていい。英米語が出来ないものは、ビジネスでも、学芸知でも、人間関係でも、大きく後れを取る、といわれる。

2　日本人「留学」生の数が減った？

ところがこの世界の流れに日本は遅れている。その1つが、海外留学生数の減少に現れている。こう喧伝されて久しい。本当だろうか？

たしかに、ＯＥＳＤ統計等では、04年（8万2945人）を頂点に、年々減少し、09年6万人を切り、15年5万人を割ると予測されている。ところが、日本学生支援機構の調査では、09年（3万6302人）以降15年（8万4456人）まで、7年間で倍増を越えている。

この二つの調査結果はあまりにも対照的だが、チャイナや印度、韓国などと異なって、日本がグローバリズムの波に丸ごと乗っていない、というわたしの「印象」と合致する。日本の統計でも、1カ月以内の留学が11年以降、過半を占めるようになっていることを考えると、留学熱は大幅に低下しているわけではないが、停滞しているということができる。

3　それでも外国の大学院を出ることが、大学教授になる有力な条件であることは、間違いない

(1)まず積極的理由だ。

1.英米語が基軸言語だ。それを習得する最良かつ最も簡単な方法は、留学することだ。ただし、自在に話せるだけでは「通訳」としては役に立つが、大学教授としては、問題だ。ネイティブは小中学生でも英語を話せる。だが学術文献を読解し、できれば論文《ペーパー》を書けてこそ、留学の意味があるのだ。

2.ただし日本の大学教授になるのだ。日本語の文献を読解し、論文を書く能力を身につけなくてはならない。理系は別としても（事実は別ではないのだが）、文系では読書力、特に読書量が重要だ。これをなおざりにすると、よく見かけるような、英語を話せる（だけの）大学教授がうまれる。これならよほど外国人教授の方がましだ、ということになる。

3.わたしのようなものでも、「旅行」や「調査」で外国を「一見」するだけで、外国事情を肌で感じ取ることができる。少なくとも、日本との違いが理解しやすくなる。特に、日本の実情に敏感になる。留学体験を、研究とくに教育に生かす場合に、とてもいい。役に立つ。

(2)修士号・博士号を得るもっとも簡便な方法の一つだ。

1.アメリカでは、博士号が堂々と売られている。その販売を、大学ビジネスのひとつ

（あるいは唯一）にしているところさえある。ビジネスだ。早期栽培と同じように、「修学」期間が短ければ短いほど、価格が「高い」というのが相場だ。これはディプロマミルといわれるが、勧めない。買った博士号と露見すると、採用「無効」になるかも。

2.入学が簡単で、単位修得・学位取得が（日本よりも）はるかに容易な大学がある。総数も多い。それもれっきとした修士・博士号だ。大学教授採用の「学歴」（＝有利な材料）にはなる。なっている。何せ世界標準の1つを持っているのだ。

3.アメリカの個々の大学事情をつぶさに調査し、その修士・博士号がどれほどのレベルのものかを穿鑿する審査はあるが、通常は通り一遍もある。事実、福祉・介護系で多い。それに各国大学の事情を「尊重」するというのが、日本のお国柄だ。

⑶教育・研究は、定職を得てからでも遅くない。

それに、これをいっては元も子もないように響くが、事実でもあるからつけ加える。

1.「書類」だけをそろえ、実質・実力なしで「採用」試験を受け、建前を滔々と述べ、受かろうとするのは、問題がある。詐欺に等しい。だが、ことは大学教授採用にだけかぎったことではない。就活の「常道」だ。

ゼミの子が、アナウンサー試験を受けるという。アナウンサーには知識も必要だ、というと、「受かってから身につけます」という。本音だ（ろう）。だが、落ちたからいいようなもの、採用されたら、大変だっただろう。

2.大学教授は、採用されてから、学んでも、「遅くない」。教える立場に立てば、自分の知っていること（だけ）を教えればすむ。研究には多少とも時間がかかる。その余裕は大学教授になると、許される。

3.もっとも、教育する「振り」、研究する「振り」で、定年までやり過ごす人もいる。少なくない。「気楽な稼業ときたもんだ」と思わないほうがいい。教授の仲間うちでは、この事実は周知で、本心では「唾棄すべき存在」とみなされるのだから、本人にはかなりつらい。職場で、仲間内から軽蔑、侮蔑されるほどつらいことはないのだ。

11▼「特殊」コース

「中級」コースは、ともかくも、研究者として養成される要素を最低限度はもっている、といってよい。

だが「特殊」コースは、制度的には、研究者養成機関を経ないで、大学教授になる方法だ。大学学部や短期大学卒業だけの資格で、大学教員になるコースで、一見して至難と思えるだろう。

11・1▼大学出の資格で、大学生を教える

これは奇妙だろうか？　そんなことはない。「専門科目」を（に特化して）教える、これは大学であろうと、専門学校であろうと、職人世界であろうと、いつの時代にもあったし、現在でも多く見られる光景だ。

開高健が、旧制の天王寺中学5年の時、「自分は大阪高校1年である」という触れ込みで、大高を受験しようとする、住吉中5年の家庭教師をしたという「伝説」が残っている。

これは、大学教授のことではない、家庭教師（私事）に属する特例にすぎない、ですませるか？　そんなことはない。教える「実力」が問題になっているからだ。

大学教授の本務に、「教える」ことがある。教育に特化した能力が要求される。実験・実技・実習の助手・助教・講師だ。ときに准教授も教授もいる。専任・非常勤にかかわらず、パートタイムもいればフルタイムもいる。「資格」（認証）は二の次になる。体育・外国語・家政・保育・栄養から、理系の実験・研究等々、多岐の分野にわたる。

11・2▼助手からはじめる

大学教授（＝5クラス）の最下位カテゴリは「助手」だ。ここからそのキャリアを始める人もけっして少なくない。

事務助手とか実験助手というと、昇進のない「終身位」のようにみなされるだろう。だが、そんなことはないのだ。助手で終わる人もいれば、講師のまま終わる人もいる。わたしは実験助手から教授になった人を何人も知っている。事実は、研究・教育の実績次第なので、最初は助手から、助教から、ときに講師から出発するというとらえ方が重要だ。（ちなみに、わたしの定職は短大の講師からはじまった。）

助手の主業は、はじめは「雑務」である。「雑務」には大きく分けると、研究・実験と事務がある。だから、助手には、研究助手と事務助手がいる。もとより、研究助手も雑務を行なうし、事務助手も研究的側面を担う。

事務助手の場合は、研究活動を義務づけられてはいない。しかし、研究活動をしてはいけないという法はない。自力ないしは共同で研究活動を行ない、その成果を評価されれば、講師、助教授への昇格も、困難を伴うとはいえ、不可能ではない。むしろ奨励する大学もある。

11・3▼研究の「場」をもつ

偏狭な大学教授はいる。どこにでもいる。「助手に、研究なぞ必要ではない。」という類いだ。そういう人は、笑って「無視」するにかぎる。反抗・反論しても仕方がない。

面白いことに、「研究」や「教育」の醍醐味は、「こっそり」とやる、やってしまうことではないだろうか?　わたし自身は、目立ちたがり屋だが、それでも机にへばりついて、無駄口を叩かず、淡々と毎日のノルマを果たす。これが「快感」なのだ。結果＝実績が出ると、幸運かつ幸福になる。

いいたいのは、研究の場はレディ・メイドではないということだ。自力で見いだし、そこで熱中する。これ以外にはないのではないだろうか。「助手」の場を見いだしたら、そこで勝負する、が最重要だ。

ただし、偏狭に立て籠もる、という弊を避ける努力がむしろ必要になる。「わたしは恵まれていない」、「一人でいい」風に生きないことだ。

12▼「超特殊」コース

「超」とは、普通や特殊の「外」というほどの意味だ。難易度に関係ない。

12・1▼大学を出ないと、大学教授になれない

実例を挙げて、説明に代える。

⑴**牧野富太郎**（1862〜1957）は、江戸時代と地続きの、帝国（国立）大学が東京大学ただ1つであった、旧学制時代の人だ。いまでもちょっとした家の書棚にも置かれている『日本植物図鑑』の著者として有名である。

牧野は、小学校中退で、独力で植物学を学び、東大植物研究室に出入りするようになる。その類い稀な研究成果（新種発見や分類、図鑑出版等）を評価され、東大助手、講師になった。だがついに、教授昇格を、「小学校中退」という「理由」で、拒絶された（そうだ）。ただし、牧野は、「性格」偏狭といわれたが、東大生を指導する教授能力を欠いていなかった。牧野を助手に引き上げた指導教授が、「無学歴」を盾に、その昇進を拒んだの

だ。

だがともかくも、牧野は、大学で、正式の研究者のポストを得た経歴の持ち主だ。それも、東大でだ。「超特殊」コースとは、牧野のように、高等教育機関を経ないで、大学教授になるケースのことだといえる。

このコースは、昔も今も、超困難であることに変わりはない。(2)だが、現在のほうが、学歴がなくても、形式的にも、実質的にも、大学教授になるのは、容易になった。

「形式」的には、すでに指摘したように、文部省＝文科省の「資格」条件が変わったからだ。

大学設置基準（省令）に「教員の資格」がある。牧野は、「専攻分野について、特に優れた知識及び経験を有し、教育研究上の能力があると認められる者」という規定に当てはまる。

じゃあ、現在なら牧野は東大教授になることができたか、というと、やはり難しかった、といわざるをえない。どんなに優れた研究・教育者といえども、候補者を教授に任用するかどうかは、教授会の決定によるからだ。

これを逆にいえば、どんなに劣悪な能力のものといえども、教授会が採用「諾」と決すれば、任用される。これは、古今と東西をとわず、世界と日本とにかぎらず、大学教授任用の通則だ。

(3)実質的というのは、大学・大学教授の数が、1949年、旧制から新制に変わって、大学・学生数とともに、教授数が、一気に10倍増したからだ。つまりは雇用市場が拡大したのだ。もちろん、高度＝産業・知識技術・教育・情報社会の到来が、大学教授の増大に拍車をかけた。

12・2▼大学を出ないで、大学教授になった

「超特殊」ケースは、学歴がなくとも、才能（研究、教育能力ともに）次第の世界だ。目標として、大学教授をめざしたのではなく、結果としてそうなったものから、期限つきで教授のポスト（名前）に形だけついたものまで幅がある。

(1)**安藤忠雄**（1941〜）は、現代日本を代表する世界的な建築家で、作家《ライター》でもある。安藤は高卒で、大工から独学で「一級建築士」(qualified architect of the first class）になった。あえて最難関のコンペ（competition）に参加し、「百連敗」を厭わず、腕を磨い

た、世界でもトップスターの一人で、正真正銘の偉才＝鬼才の人だ。

その安藤が、１９９７年、東人教授を引き受け、定年まで勤めた。安藤にとっても、東大にとっても、「快挙」であったというべきだろう。
(2)同じ教授といっても、「**特任**」教授（准教授等）、「**客員**」教授（研究員）等がいる。訳のわからない「**特命**」教授までいる。特徴は、任用条件が千差万別だということだ。
1.「特任」（の多く）は「正式」の教授メンバーだが、「有期限」教授で、フルタイム・パートタイムの別がある。「権利」（とくに人事権）が制限される代わりに、「義務」も少なくなるケースが多い。
2.「客員《ゲスト》」教授は、文字どおり、ケースによって千差万別だ。１回だけ（顔見せ程度に）「教授」として招かれる（call）ものから、パートタイムだが特定の研究課題に関連して特別待遇を得るものまでだ。「客員」は、招く教授個人・組織しだいで、教授会の承認事項だが、多く報告事項で決まる。有給から無給まで幅がある。「学歴」はとくに問題にはならない。
3.「特命」教授は、何でもありの、融通無碍な、「教授」と名前がつくが、だからどうしたの、といいたい。研究者でも教育者でもある必要はまったくないからだ。

ただし、文字通り、特命全権大使のように、特別の課題に（教授会や理事会から）全権を委任された教授がいるのかもしれないが、公的なものではない（だろう）。

⑶ **名誉教授**は掃いて捨てるほどいる。この好みを封じることは難しい。すべてをカバーできるわけではないが、「紙の上」の名誉教授といおう。

1.「名誉」好きな人がいる。大きくいうと3つある。すべて無給と思っていい。

この「名誉」教授には、ピンからキリまである。世界の有名大学を「訪問」するのが好きで、訪れるたびに、「名誉」教授や博士の称号を貰う（貰ったという）人がいる。少なくない。ま、「一日」署長のようなものもある、と思えばいい。もちろん、この名誉教授には学歴はいらない。

2.「寄付」や大学に対するさまざまな貢献（ボランティア等）に対して、謝意として名誉教授を「授与」するケースがある。これも「教授」であることに変わりはない。でも、本書の主題ではない。以上の2つに学歴は関係ない。

3.教授が、大学を定年あるいは途中で辞めるケースで、一定年限教授を務めると、瑕疵がないかぎり、内規にしたがって、「名誉教授」の称号を贈られる。多くの旧教授が名誉教授になるが、「名誉」（名前）以外の何かがつくわけではない。

Ⅳ　社会人から大学教授になる

以上、Ⅲの「普通」「中級」コースは、大学院を出た（がまだ定職をえていない）人学教授志望者を主対象に述べてきた。Ⅳは、社会人で、大学教授に「転職」を目指す人に焦点を当てる。

日本は、１９６０年代まで、じつにじつに長いあいだ、「終身雇用」と「年功序列」の時代といわれてきた。もちろん、日本だけでのことではない。身分制の江戸期ばかりでもない。つねに「転職」はあった。むしろ常態《ノーマル》だったといえる。ただし、「一芸」をもてば、それで「一生」をしのぐ《サバイバル》ことができる、という意味だ。

ところが１９７０年代、高度な知識や技術が高速で変化する時代が始まった。90年代、一気に加速度を増した。一度身につけた技術や知識を守り・磨くだけでは、一生を生き抜くことが至難になった。「転職」が普通になったということだ。
大学教授も、「転職」の対象になった。それだけではない。

13▼「転職」の有望株

21世紀の大学は、多様化し高度化する知識や技術を研究し教育する機関、とりわけ知・技術者の独占的な養成機関だ。この時代の変化に対応する教授（学芸知者＝研究教育者）を、大学外（社会人）からヘッドハンティング、あるいはリクルートする必要性が、増すことがあっても、減ることはない。こう断じていい。

そのための「先兵《パイロット》」になろう、というのはすばらしいことではないだろうか。まず、ごく平凡なことだが、3つだけ要点を記そう。

13・1▼「定年」はのびる。生き方が変わる

高齢化時代だ。高齢者が元気な時代だ。定年後の生き方が変わる。定年の延長が不可避になる。再雇用を含めると、すでに65歳が普通になった。

1　大学教授はすでに定年70歳が普通になった。再雇用が75歳までになるのは、指呼の間ではないだろうか。定年後、65～75歳までの第2の人生を、大学教授として生きるのは、かなり望ましい生き方ではないだろうか？

2　くわえて、76歳以降終焉まで、第3の人生として、学知・技芸を「友」に生きるのは、かなり幸運＝幸福な生き方に思える。体力や気力が衰えても、享受可能なのが知芸だ。それに耽溺したってかまわない。

3　知や技術は、それをもっていること自体、人間の心身を励ます、といっていい。朝早く起きて、物音一つしないなか、たった一人でも、することが決まっている。たとえば「本」を開くだけの行為のなかにさえ、人間が生きる＝人間である＝考えるという意味が内蔵されている。心が、人間が解き放たれる瞬間ではないだろうか。

13・2▼「時間」がかかってもいいじゃないか

1　本業をもっている。誰にしろ、サイドワークで、たとえ専門職のキャリアがあったとしても、大学教授が必要とする専門の学芸知を習得するには、時間と労力を要する。ハードなトレーニングが必要だ。

しかし、あまり常人が向かわないことに、ハードと思えることで、「他人の目」を盗んででもやる行為自体が、面白いのではないだろうか。

2　このトレーニング方法に、目算が立たない人に、**「数値化」を勧めたい。**（わたしが励行してきた方法のバリエーションだ。）

時間がかかるといっても、誰にしろ、1日24時間のうち1時間を割くことは可能だろう。1000日（およそ3年）で1000時間が生まれる。

1日8時間に換算すると、125労働日分だ。10年で3年分を研究日に組み込むことができるのだ。なんと大学院博士課程（後期）で研究する期間に相当する。半端な時間じゃない。博士論文執筆に必要な時間なのだ。

エッ、細切れの時間だ。たいした足しにならない。こう思うだろうか。逆だ。1時間だから、誰にしろ、無念無想（夢中）で、集中できる。もちろん、1時間は、3分レッスンのような、「細切れ」の類いではない。

3　たしかにこれは机上の計算だ。しか**しこの程度の目算が立てば、10年で、大学院後期課程で自学自習したていどの学芸知を習得することが、可能、**ということなのだ。

だが、重要なのは、第1目標をはっきりさせることだ。最低、「学会」（conference）に発表できる「学術論文」を1本（できれば修士論文あるいは博士論文ていどの内容）を書き上げる、を掲げ、実行することだ。「**論文1本！**」をお題目にするだけでも違う。

13・3▼「不発」に終わっても空しくない

1　しかし、物事には、失敗というか、中途で終わる場合がある。むしろ多い。世に「三日坊主」はざらにいる。ましてや、大学教授になる（採用される）というのは、老若男女を問わず、「終点」が不明の路線バスに乗っているような感じなのだ。この「宙づり《ブランコ》」状態にたえられないことが、大学教授になる望みを中途半端で捨てる最大因だといっていい。

2　それに「定職」がある。「転職」が不可に終わっても、困らない「算段《ウェイ》」がつく。これが、中途半端に終わっても、いい、いいさ、という真因ともなる。ただしわたしは、なにごとにつけ、「本業を捨て、退路を断つ」式を勧めない。なぜか？

3　「一か八か」はある。しかしそれは、集団であれ、個人であれ、ぎりぎりのこと・ところにかぎってのことだ。自分の力でいかんともしがたい「窮地」においてこそ、許されるカケだ。

それに、大学教授になろうとする10年余の試みが、中途で終わっても、そこで獲得した知や技術等は、空無に帰すのではない。〈13・1〉で述べたように、間違いなく、人生の貴重な糧になる。

14▼社会人のための7則

社会人といっても、**大別して2種**ある。

1.自分独自の専門領域で一定の実績をすでにあげている人だ。

2.まったく新規（あるいは趣味等でかかわっていた）領域にチャレンジする場合だ。

1.と2.にかかわらず、大学教授になる法《ウェイ》は、〈Ⅲ〉と本筋で変わらない。なぜか？

大学教授の評価（採用時を含む）の根本は、専門研究能力を測る客観材料＝学術論文（あるいは著書）の評価《よしあし》いかんにかかるからだ。この評価を審査でえることができないと、大学に正門からはいることは至難の業だ。この点で、評価基準や選抜方法が異なるが、芥川賞やレコード大賞の審査と異なることはない。

ここでは、社会人から大学教授に転じる人に（とって特に）必要不可分と思える要点をまとめて短く法則化してみよう。

転職を大別すると、

1.「仕事」（本業）はやり遂げた、「別業へ」。

2.「本業」は嫌だ、展望がない等々、「別業」へだ。

多くはこの中間だが、どちらであろうと、大学教授への転職がよりいい選択だ、と思える人に向かって、勧告することにする。

14・1▼準備は早く、素速くがいい。だが、遅すぎることはない。ゆっくりでもかまわない

大学教授になる方法は、即席ラーメンをつくるとは違う。

だからこそ、思いたったらすぐ取りかかり、スピード感をもって取り組むほうがいい。これは、あまりに常識的で、面白くない。だが事実だ。

社会人からいちばん多い質問は、「大学教授になるには、もう遅すぎないか?」という質問だ。答はずばり、大学教授に適齢期はない、といいたい。

14・2▼身につけた専門知識や技術が土台になる。しかし……

社会人は、すでに一定水準の専門性を身につけている。有利な材料だ。だが、知的再訓練がなくとも、大学で研究や教育活動をスムーズに行なえる、と考えると、予想外の困難に出会うことになる、と思いたい。この事情は、自動車の運転とよく似ている。古い法規

や技術で覚えたものが、「癖」(痼疾)になって、新しい法規と技術を習得する障害になる。まずこの癖をとることから始めなければならないのだ。

この「癖」具合は、自分が専攻する分野の学術論文を読んでみると、よくわかる。自分の書くものが、学術的かどうかを「判定」できるようになることが、きわめて重要なのだ。ただし学術論文を掲載するという大学「紀要」類には、書いた本人さえ読まない駄文がある。少なくない。留意したい。

14・3▼大学院は、チャンスさえあれば、出ておこう

1　社会人にも、学歴は重要だ。〈9〉や〈10〉で述べたようにだ。

2　それに、大学院は時間的制約が少ない。大学院によっては「夜間」コースもある。重要なのは、修論、博士論を書くことだ。大学院にはさまざまな履修形態があるから、入学することを、ぜひ勧める。

3　有名大学院を出る必要は(かならずしも)ない。**入り・出ること(資格)が重要な**のだ。**修論・博士論を書くことが最重要**だ、と再度いおう。

14・4▼学術論文発表のチャンスは逃すな

ここは、拙著『社会人から大学教授になる方法』（PHP新書　2006）で紹介した「事例学術論文とは何か？　発表媒体との関係はどうか？」を再録したい。よくよく読んで、理解されたい。

〈NH　40代　2003/6

＊先生の名著「新・大学教授になる方法」を購入し、繰返し読んでおります。初めてお便り致します。

NHと申します。M大学人文学部卒業後、奨学金を得てアメリカの大学院の修士号を取得しました。その後約10年州立の学校で日本語・英語（ESL）を教えながら、R大学・大学院の博士課程で勉強を続けて来ました。後、論文作成だけです。日本の大学の教員になるのが目標です。

大学教員になる為には、第5章から「研究歴」と「研究業績」が重要、第7章から学術論文が必要であることを学びました。学術論文の学術誌・学会誌での掲載が、研究歴・研究業績に繋がると理解しました。

本日は学術論文について質問させていただきます。アメリカで学術誌・学会誌に相当するものをJournalと呼びます。現在、どのJournalに論文を投稿するか選定最中です。同時にそこで発表された論文を読み、且つ自分の論文のpolishに努めております。以下の質問にお答え頂ければ誠に幸いです。

(1) Proceedingsは Journalと見なせますか。

Societyが主催するConferenceがあります。論文発表の場です。幾つかのSocietyがConferenceのProceedingsを出版します。学会のConferenceの報告書と訳せば宜しいでしょうか。その報告書にConferenceで口頭発表された論文が掲載されます。Conferenceでの口頭発表資格審査に論文が通らなくてはなりません。一般の学会誌と比較した場合、おびただしい数の論文がそのProceedingsに掲載されます。Proceedingsに掲載された論文はJournalに掲載された論文と同等に扱われますか。ところで、アメリカで研究業績はPublicationsに相当します。アメリカ人の教育者は、研究業績にProceedingsに掲載された論文を入れます。

(2) E-Journalは一般のJournalと同じ地位にありますか。

技術の発達に伴って、論文がオンラインで掲載されています。ある学会誌は電子及び一般の雑誌の形をとっています。ここで問題にしているのは、オンラインの形でしか出されていない電子ジャーナルです。ここで掲載された論文は、traditional な Journal と同等な Respect を受けるかということです。

(3)大学院生主体の学術誌は一般の学会誌と同等ですか。

そこの大学院生しか投稿資格がない学術誌もありますが、世界中の大学院生に投稿資格を与える学術誌もあります。審査員が大学院生の場合もあります。それが多いかもしれません。そこに掲載された論文は、一般学会誌に掲載された論文と同等に見なされますか。

(4)日本の学会誌の方が有利ですか。

日本の大学の教員になる場合、アメリカの学術誌に論文を投稿するよりも、日本の其の方が宜しいでしょうか。現在、アメリカのそれに投稿予定です。理由その一：書き貯めてきたものが英語である。其の二：日本の場合、年一回しか刊行しない（私の知る限り）のに比べて、アメリカの場合、年二回から四回刊行。チャンスが多い様に思われる。但し投稿者も世界中からの為競争が激しく、掲載率は変らないかもしれません。其の三：先生の書かれた本の119ページが、最も大きな理由です。要約：学会誌・紀要での論文掲載は困難である。目的達成（日本の大学教員）の為、敢えて日本のものを選ぶべきでしょうか。

(5) Prestige か Publication か。

研究業績は掲載された論文であり、一部の例を除いて、掲載されていないものは業績でないと理解しています。権威のある学会誌での掲載は、奇跡に近いものがあると思います。掲載を優先させる為、二番手（自分が知らないだけで三番手かもしれません）の学術誌を選定しています。権威のある学会誌に載らない論文よりは、二番手の学会誌であっても、そこに掲載された論文の方が良い。先生はその考えをどう思いますか。

先生がご多忙で解答する時間がない事が予想されます。その際、先生に代る先生の推薦出来る方に、ご解答頂ければ非常に有難く思います。宜しくお願い致します。＊

以下簡単に答えよう。

答える前提として、学会も、学会誌も、千差万別である、ということを確認したい。学会は、学術研究をめざす研究者の組織、といわれる。しかし、個人、同人、講座、専攻科、学科、学部、学内、地方別、地域別、国別、国際、等々、そのカテゴリーは、性格、内容、水準等々、種種雑多である。ＮＨさんの学会（ソサイアティ）は、日本の学術会議に「公認」された学会に相当する、とみなして話を進めたい。

1　学会発表の報告「要旨」は、「論文」ではなく、「学会発表」にカウントされる。

2　電子雑誌の形式を取る学会は、日本でも登場しだした。ただし、紙の学会誌も同時に出している（ようだ）。きちっとした学会なら、紙であろうと、デジタルであろうと、問題はない、というのが私の意見だ。だが、これが学会あるいは、学部の多数意見かどうかは別である。プリントアウトして、掲載アドレスを明記すれば、出所が明らかになるから、自ずと論文と認められる、というのが合理的解釈だろう。このような論文を拒否する学者はよほどの旧人か、変人だ。

3　大学院生の雑誌は、一般学会誌と区別される。ただし、問題は中味だ。私がセレクトした経験では、10本論文として出されたなかで、1本だけ学術的だと思えたものがあった。それは、大学院生の論文集に掲載されたものだった。ごく一部でしか、レフリー制度が確立されていない日本の特殊事情にもよる。

4　レフリー制度が確立している（といわれている）アメリカの学会誌に載ると、ある種の「権威」を帯びるのは事実だ。しかし、日本の学者に読んでもらうのである。邦語論文はぜひ必要だ。また、学会も、全国、ブロック、県、市町村、大学、学部、学科等々に分かれている。一年間に複数本出すのは可能だ。ただし、学会員として認められなければならない。

5　「権威」のある雑誌に載る論文とは、一定の水準を学会に認められた、という意味だ。だからいい論文だ、ということにはならない。教師を選考し、採用決定するのは、あくまでも大学、学部、学科、専攻科、講座の教師である。学会にも「癖」があり、大学の選考委員にも「癖」がある。

6　なお、NHさんから、別メールで、履歴、研究活動歴、業績表等が送られてきた。アメリカで研究した人に特有な、詳細かつ見事なものだ。〉

こういう「質問」をもらうと、当方も知的に緊張する。ありがたいことだ。

付け加えれば、もしわたしが21世紀に博士課程に入ったなら、だれがなんといおうと、博士論文を提出することに、専心しただろう。たとえ、指導教授たちが博士号授与を拒否してもだ。「論文」は残るし、著書として刊行することも可能だ。いいものだと、評価がついてくる。

できるときに、研究を続行する。それが大学教師になる正道だ。

14・5▼「専門」の持続こそ重大事

1　心構えとしてのことだが、大学教授になることは「手段」であって、「目的」ではない。しかもこの目的実現のために、大学教授になる（である）ことが「最適」だ、といいたいのだ。

人生の目的と手段がこのようにマッチするなどという仕事は、稀であり、幸運だ。

2　ところが、わたしの知るかぎり、転業して大学教授になった人の「研究」は、ほとんどのばあい、専門性を欠き（獲得するまでには至らず）、その教育は（研究を土台としないため）「ごった煮」あるいは「手前味噌」の域を出ない。

3　そうなる理由は、「研究」を日々持続する「習慣」がなく、したがって教育内容もすぐマンネリになるからだ。転職した当時の「情熱」も数年で消えてしまう。じつに残念で、もったいない。

14・6▼終日《フルタイム》で自学自習のスタイルを

〈14・5〉に陥らないために必要なのが、毎日が研究日の習慣を獲得することだ。

1　大学教授になるまでは、「研究が好きだ、好きでこそ学問」ということを疑わなかった。ところが、大学教授になって、いつでも好きなときに研究できる。研究は、もはや好き嫌いの問題ではない、セレクトの問題にすぎなくなる。

2　社会人から大学教授になった人で、研究の習慣を身につける（大学院で強制される）チャンスをもたなかった人に、なにをいってもはじまらない。勉強嫌いな子に、親が、勉強せよといっても、どうにもならないのと同じだ。学校や塾の「指導」や「受験」にまかすしかない。「学校」は（大学も）、強制的に学ばすところである。高校生は、大学入試があるから、勉強する。大学院生は博士論文を書かねばならないから、研究せざるを得ない。大学教授にはこの「強制」がない。

3　毎日フルタイムで研究するには、論文を、著書を書き続けることしかない。えっ、注文が来ないって。来なくたって、締め切り期限を（自分で）決めて、書けばいい。そのために研究すればいい。自分で自分を強制できるひとが、その強制をもはや強制などと思わなくなったひとが、自立した研究者である、といっていい。

4　これは付録だ。研究するために大学教授は、①政府関係の委員にならない、②学内行政に手を染めない、③アルバイトをしない、④家事・育児をしない。渡部昇一式4則だ。（もちろんわたしは学んで、実行した。ただし、残念ながら、家族5人が暮らせるだけの給与をもらうことができてからのことだ。42歳になっていた。）

14・7▼どんな小さなチャンスも受けとめる

転職である。少しでもいいポストをゲットしたい。こう思って当然だ。しかし、何度もいったが、ひとまずは、「スタート」が肝心だ。どこのどんなポストでも、たとえ非常勤講師でも、チャンスがあればゲットしよう。そのあとは、あなた自身の「腕」次第なのだ。拙著を読んで、何人か、「転身」をはかり、大学教授になった人がいる。そのなかでも参考となりうるモデルを紹介しよう。拙著『社会人から大学教授になる方法』の「再録」だ。

〈【事例11「大学教授になる方法」を実践して、ポストをゲットした】
ＨＫ　30代歳　２００２／６
＊はじめてお手紙させていただきます。

突然の一方的なメールを差し上げることの失礼をお許し下さい。どうしても、ひとことご報告を申し上げたくメールをさせて頂いております。

私、現在、K大学教育学部に所属している、HKと申します。本年4月より、K大学に赴任した新任助教授です。

先生の著書「大学教授になる方法」及び「大学教授になる方法・実践編」を熟読させていただき、多くの示唆と勇気をいただきました。その結果、ここ4年の間に教員公募に応じ続け、ようやく思いがけない大学の教官になることができました（25回目の公募書類が採用までたどり着きました）。ありがとうございました。

先生の著書の中にある「専門分野で論文数を増やす」「博士課程に進む」「非常勤講師以外の仕事はしない」等を、その通り実践させていただきました。この度、採用までに至った背景には、多くの人のつながりや運などがあったものだと考えられます。しかし、先生の著書の内容を実践した結果、今回の採用があったものだと私は痛切に感じております。本当にありがとうございました。言葉ではいいあらわすことのできないくらい感謝の気持ちで一杯です。

以下に簡単に私の略歴を記します。

1967年　九州・大分県大分市で生まれる
1986年　大分県立大分上野丘高等学校卒業
筑波大学体育専門学群入学（専門実技種目：ラグビー）
1990年　筑波大学体育専門学群卒業
1990年　（株）大和証券入社（約2年在籍した後退社。学問を志すことを決意する）
1993年　大阪教育大学大学院教育学研究科入学（専門領域：体育科教育学）
1995年　大阪教育大学大学院教育学研究科修了（教育学修士）
修士修了後、大分県に戻り、教員採用試験を受けながら教員（中学・高校の保健体育教員）を目指していましたが、教員採用の枠がないため職に就くことができず、呆然としながらアルバイトに明け暮れる時代へと突入。
1997年　大学院時代にお世話になった先生に声をかけていただき、S女子大学非常勤講師になる（週2コマ）。関西にて非常勤講師生活を始める。定職に就けない時代が続く。
1998年　結婚をする。翌年、子どもが生まれる
2001年　K大学大学院総合人間科学研究科博士後期課程入学

体育の世界もドクターを持っていないと就職の口にはつけないことを実感したため。

2002年　K大学教育学部助教授に採用（担当領域：体育科教育学）
　同時に、K大学博士課程は、公務員職務専念義務規定のため中退する。

　履歴をふり返ると、5年間の非常勤生活を続けながら、論文数14（レフリー付き5［ファーストオーサー2］・紀要論文9［ファーストオーサー5］）・学会発表数8の業績を作りました。専門領域（体育科教育学）を外さずに業績を作れたことが、公募を勝ち抜けた大きな勝因だと感じています。幸い、専門領域である「体育科教育学」は、小・中・高校教員免許の必修科目になっているため、このような時代でも公募は毎年3～5件くらいありました。K大学の公募では、30人以上の応募があったようです。採用された現在においても、未だ信じられないくらいです。非常勤と専任の待遇は、「天と地の差」があることを身をもって現在感じています。専任の待遇に甘えることなく、これからも研究活動・教育活動に邁進していきたいと考えています。また、博士課程も途中になってしまいましたので、論文博士で学位を取得するため、現在準備をしております。

少し長くなりましたが、どうしてもひとことお礼を述べたく、失礼を承知でメールをさせていただきました。今後も、先生の著作を熟読させていただき、人生の糧にしていきたいと考えております。ますますのご活躍を期待しております。以上をもちまして、失礼させていただきます。＊

＊突然のメールにも関わらず、早速ご返信をいただき、ありがとうございました。驚きと同時に感謝の気持ちでいっぱいです。今晩、いただいたメールをプリントアウトして、妻と共に祝杯をあげたいと思います。

現在、私は、週に5コマの授業（講義3コマ・実技実習2コマ）を担当しています。こちらへ赴任してから、うれしい悲鳴をあげながら、授業準備に追われています。「研究は授業のためにする」という先生の言葉を肝に銘じ、これからの教員生活を充実したものにしたいと考えています。

また、お会いできる機会があれば、私の方は、喜んで伺いたいと思います。お近くにお越しの際は、お声をかけていただければ幸いです。

以上、簡単ではありますが、ご返信とさせていただきます。ありがとうございました。

＊〉

〈1　コメントをつけるまでもない。大学教師をめざす人は、このHさんのメールから、その履歴書を含めて、多くのものを学んで欲しい。

2　二つだけ注記しよう。1.Hさんの経過《プロセス》は、ほとんどわたしのとダブる。文章の、句読点の打ち方も、わたしと同じだ。ちょっと怖いな、これは。2.最後にちらっと出てくるが、Hさんの努力の陰には、奥さんの理解がある、と思える。これがなければ、研究生活は難しい。〉

さらに1つ足せば、この数年後、福岡で講演会があったとき、Hさんが会場を訪れ、声をかけてくれた。こういう機会は、何度かあったが、このときほど驚いたこと、嬉しかったことはない。

14・8▼フリーランスをめざせ

1　大学教授は、立派な定職である。身分も安定している。研究と教育に専念すべし。こういう意見がある。「正論」に聞こえる。そうではない、と強くいいたい。

大学教授は、研究者としては、大小にかかわらず、論文を書く。理系・文系にかかわらず、文献を読む。読書家《リーダー》であり、作家《ライター》でもあるのだ。もっと広くいえば学芸者《タレント》だ。

2　大学教授はタレント集団だ。それを大学内にとどめず、大学外にも公開《オープン》する。これを社会的責任というと硬くなるが、ビジネスと考えると、教授個人はフリーランサーになることだ。

夏目漱石は東大講師（教授予定）を辞して朝日新聞の嘱託（専属作家）になった。もちろん、朝日のほうは、作家漱石を買ったのだが、東大教授としてのタレントを当てにしてのことでもあった。

3　その漱石は、作家としての仕事を行なったが、東大教授として行なった「文学研究」（『文学論』1907『文学評論』1909）を土台に、自分の既小説作法とは異質な、前衛小説を書いた。『明暗』（1917）だ。日本現代文学の精華となった。

フリーランスでの活動が、漱石の大学教授としての活動に資しただけではなく、漱石の研究を実現させた、ともいえる。定職とフリーランスとの幸運な出会いだ。

15▼サラリーマンが陥りやすい傾向を脱するために

１９９０年代以降、社会人からの転職組が、いっせいに大学に参入してきた。わたし個人も、この参入を歓迎し、積極的に勧め＝進めた１人だ。しかし、歓迎してばかりいられない事態が、無視できないほどに顕在化した。是正の要がある。

そこで、以下、簡潔に問題点を指摘しておきたい。いらぬお節介の類ではない。

15・1▼シンプル・イズ・ベスト

大学教授の課業《レッスン》は、１９８０年代以前のイージ＝超牧歌時代《ひねもすのたり》と比較すれば、ハードで世知辛くなった。しかし、あいかわらず安易《イージ》と怠慢《レイジ》でいくことは可能なのだ。

1 ノルマ

⑴大学教授は、教育ノルマ（講義や演習時間等の拘束時間）をこなすという点からいえば、じつに簡単だ。「気楽な稼業ときたもんだ」といっていい。

サラリーマンが、労働日短縮によって、週５日になったことと比較しても、週２日で、それも90分を5コマ（1区切り）程度である。たとえ倍に増えても10コマだ。楽々こなすことができる。それも余裕をもってだ。

(2)1コマの年間ノルマ数は30回だ。週2日を労働（課業）日に当てると、年60日で課業をこなすことができる。

ただし、ノルマ以外に、期末試験や入学試験の監督にかり出されることがある。（わずかだが加算金がつく場合がある。）

(3)しかも、毎年、同じ講義や演習内容を（ほぼ毎年）繰り返しても、それがどんなにまずくとも、誰になにもいわれない。文句をいわれる筋合（reason）もない。むしろ、1日も休まず、きちんと授業をやっている、模範教授だ、と賞賛されかねない。

したがって、大学教授を始めた数年（新人時代）は、講義や演習の「準備」（ノート作り）と称して、忙しそうに振る舞えるが、あとはまったく準備なしで、出講できる。

(4)えっ、「学生評価《クレーム》」があるじゃないか、というかもしれない。クレームはどんな職業の場合もある。それぞれ耳を傾ける必要がある。

ただし、「是正不能」なクレームは、ある。学生のクレームの大部分が、「評点が厳（正）しすぎる。」「評点をもっとイージーに」という趣旨のものだ。もっと「下駄を履かせ！」

というもので、笑って無視することができる。

2　研究論文

(1)研究論文（数）は、採用や昇格の要件になる。きわめて重要だ。

だが教授昇格用件が、「論文」5本という「内規」（教授会決定）が普通なのだ。しかも「論文」であれば、そのほとんどが形だけのレフリー（論文審査）、あるいはレフリーなしなら、内実は問われない。〈14・4〉で指摘したように、10本のうち1本が「論文」という名に値する、というものもある。（その1本も、大学院生が編集した雑誌に掲載されたものだ。）

(2)それでも、10年以上准教授や講師を勤めて、5本書かない人、書けない人がいる。まったく書かない豪傑もいる。そういう人にかぎって、「論文」という名のゴミを書くなどは下劣・不潔なことだ、とうそぶくのだ。（ま、この言には半分真理が含まれているが。）

(3)研究論文を書かないだけでなく、研究さえしない猛者がいる。それでもよくしたもので、仲間意識が強いのか、年齢が上がれば、教授や准教授に昇格する。ま、社会活動をしたり、部活などへの貢献も暗黙の評価になる（からだろう）。世間体をおもんぱかってだ。

研究せず、研究の結果を発表しなくても、昇格停止や遅延はあるが、大学でポストを失ったり、下降することは、まずない。

3　大学行政

⑴大学教授は、たんなる従業員ではない。大学の二本の柱、理事会（経営）とならぶ教授会（教学）の構成員だ。ときに理事会の一端を担わなければならないときもある。教授会ほど重要でかつ詰まらないものはない。その教授会（会議）出席は、大学教授の義務とされる。バブルがつぶれるまで、「出席」はルーズでもとやかくいわれなかったが、21世紀になって、出席率が問われるようになった。20％欠席でレッドカードが出る。

⑵大学行政は重要だ。そして行政（政治）が面白い。学長や学部長になって、人事権等の一端を行使するのは、政治は嫌いだと称している人にとっても、かなり面白い。やると病みつきになる。これが人間の本性だ。

だが行政に熱中すると、自ずと研究がおろそかになる。事実、研究をしない口実に、「雑務」（学部長等の仕事）に忙しい、ということになる。

こういう人に行政を任せておくことにしくはない。だが、ただの政治好きに政治を任せるととんでもないことになる。これは大学に限らないが。

⑶地域社会《コミュニティ》への貢献、これはおろそかにすべきではない。ただし、「地域」はいろいろだ。大学周辺社会への貢献（奉仕《ボランティア》）にかぎらない。

重要なのは、大学教授として、地域に対してなにができるか、だ。難しいことをするわけではない。

わたしは、旧勤務校時代、月刊文芸誌の編集人を8年、障害者施設の理事長を10年託された。ともに無料《ボランティア》だ。ただしこれが勤務校のためになったか、というと、はなはだ疑問だ。以上のことをこなす程度のことは、サラリーマン等、時間に縛られた生活をしてきた人にとっては、「毎日が日曜日」と思えるほどだろう。だが、そう思えたときには、「墓穴」をみずから掘っているのだ。サラリーをもらうだけの大学教授への道をひた走っているのだ。

15・2▼日を・年を・10年を継いで

1　教育の研究

教育は、大学教授にかぎっていえば、きりがない。小中高の教師とは次元が違う。

教える内容に「定番《ステレオタイプ》」はない。毎年毎年、どんどん進化＝拡大・深化させてゆく必要がある。最低限、各教科のテキストを毎年改版してゆく程度の覚悟と準備が必要だ。これだけをこなすだけで「満杯」気分になるかもしれない。

2 研究論文

〈1〉をこなすことができれば、「学術論文」を何本も書く「準備」が生まれる。毎年、1〜2冊の著書が生まれても、不思議ではない。もっとも、著書の発刊は、簡単ではない。だが、発刊チャンスは必ず現れる。そう思って、「原稿」を仕上げておくことが重要なのだ。

じつは教育に奔命すれば、研究が進み、研究が進めば、教育に反映される。このためにこそ大学教授の「時間」は消費されるべきなのだ。

3 大学行政

企業等で複雑かつ競争の激しい人間関係を生きてきた人にとって、大学行政などは素人集団のちゃちな活動に思えるだろう。

だが、大学集団も、他の社会集団と同じように、複雑かつ怪奇なのだ。一見、素人っぽく思えても、むしろ人間の生地（幼児性＝人間自然）がもろに表出するから、やっかいさが増すといっていい。「大人」の対応ではすまないからだ。

というように、社会人からの転職組は、サラリーマンの生地を残したまま、教育・研究・行政できちんと対応し生き抜くことは難しい、と思ったほうがいい。なによりも重要なのは、「わたしは社会のことを知っている。」などというスタイルで、自尊心だけは強い教授仲間とつきあわないことだ。ひどい目に遭うことになる。

15・3▼講義はストレッチだ

大学教授もサラリーマンだ。ただし、通常のサラリーマンとは違う。研究とそのための（多少にかかわらず）補助費と、なによりも「自由」時間がつく。

ところがノルマも業績もほとんど問われない、学内政治に奔命できる、特殊なサラリーマンになることは簡単なのだ。「快適」じゃないか⁉

「遊楽」は忌避すべきものではない。少しもだ。だが、自由時間を研究教育に奔命しないで、なんの大学教授か、といいたい。ここがサラリーマンでないゆえんなのだ。

何度もいう。大学教授が「遊楽」に耽るなどは、「墓穴」を掘ること、自己否定なのだ。

1　講義は「ストレッチ」（柔軟体操）だ。（こういう同僚がいた。大学教授の鏡か、と思えた。）たとえば、

⑴大学の出講（講義・演習）日は、ぱっと目が覚める。気分爽快。

乗客まばら、清掃ＯＫ、の始発に乗る。きょうもハードカバー30頁がすーっと頭に入った。

始業1時間前に研究室に到着。すぐウォーミングアップを始める。準備したレジュメをマークし、発声練習をかねて、柔軟体操をする。じつに気分がいい。

⑵開始時間ぴったりに登壇し、眠たそうにぱらぱらと散らばる出席者を見回し（睥睨し）、間髪を入れずスタートダッシュ。

教壇の端から端まで往復しながら、適度に体を揺すり、心のリズムに体のリズムを連動させながら、途切れることなく言葉をつむいでゆく。（おしゃべりは許さない。）静かに手持ちのテープレコーダーが回っている。（これはあとで原稿に直す。）

45分で、ちょっと息を継ぎ、もう一度、聴衆（!?）を、こんどは励ますように見渡し、後半はたんたんと軽くジャブを飛ばしながら話し、5分前に終える。

出席者の数をもう一度確認するようにして、次回の予告をし、終える。廊下に出ると、終わりを告げるメロディが、背中を軽く後押しする。

⑶自分の研究室に戻る途中、トイレにゆく。出の勢いと色を確認し、きょうも快調だっ

た、と再確認。

このように、講義や演習は、運動不足の体にはとてもいい刺激になる。大学教授の最高の「余暇《レジャー》」同然の1日だ。そして、だれにも告げず、研究室に施錠し、裏口から静かに姿を消す。

2 「業績」など問題じゃない。(同右)

(1)出講日は、「休日」と決めている。1年でおよそ60日。まずまずだろう。
もちろん、この休日には家族同伴《サービス》は入らない。まずいだろうか? そうは思えない。通常、大学教授は「在宅」だ。自宅にいないときが、家族の自由時間である。
(2)朝起きる。やることはすでに決まっている。6時から午前中いっぱい、「勉強」(work)。これが大学院に入ってからの習慣だ。
大学院に入ってから15年もたつと、年間最低、6本論文(works)が自ずとできあがる。それに著書年間1冊だ。

大学教授稼業をはじめて10年、著書の注文が年間1〜2冊になる。論文執筆が減る。専門外の「雑文」執筆の機会が増える。
(3)だからこそ、というか、同時に、というべきか、10年に1冊は、その時期を代表するに足る著作を書く計画を立て、実行する。40代、50代、60代、そして70代だ。大学教授の「業績」など目じゃない。ノルマ・レベルなど、「遊楽」にうつつを抜かしていても、可能じゃないの、と思える。

3 「行政」から遠ざかって。（これはわたしのケース。）

(1)学長や学部長は、「選挙」で決まる。注意深く「票」が入らないように、日頃、（多少過激に）発言し行動する。だが、なにも引き受けないのはまずい。図書委員とか研究・資料室委員とかを、学部長の指名があれば、（よろこんで）引き受ける。

(2)同僚と酒を飲まない。「学内」のごちゃごちゃについ話が飛ぶからだ。もちろん、あれやこれやの会合（歓迎・送別会等）には顔を出さない。

(3)ただし、誰もが発言を控える、虎の尾を踏むような問題では、断を下すようなことを（がんばって）いう。「理事長が責任をとらなければ、問題は片づかない。」などと。ときに、賛同をえたこともあった。そうそう、猫（学長）の首から鈴をとる役を負わされたこともあった。わたしは、根っから「政治」が好きだ。これでなんどか「失敗」した。だからこそ、「政治」に近づかないようにしている。それでも、なにかの折り、自ずと「好み」（nature）が出てしまう。まずい。

V 日本の大学教授は「特恵国」待遇だ

日本の大学教授「市場」は、大学バブル時代と比較してさえ、格段にグローバル化された。それでも、日本市場は基本的に内向きだ。大学教授市場は、その何倍も閉鎖的だ。

アメリカの大学教授市場はグローバルだ。ジュニアの授業の多くを、非アメリカ人、とりわけアジア人が担当する。いうところのレクチャラー、インストラクターで、ほとんどは非常勤で安価だ。

アメリカでは、英語ができなければ、大学教授になれない。アメリカ人（American）とは英米語（American;English）を話す（使用する）人のことだ。

日本の大学では、日本語を話し・読み・書く非日本人を採用するのは、困難だ。日本語が「世界基準《グローバル・スタンダード》」ではないからだ。むしろ日本の大学では、日本人（Japanese）ではない、外国語を使用する非日本人《ネイティブ》を必要とし、採用する。自然、数は限られてきた。この流れは、企業でも、大学でも徐々に変わりつつあるが、日本人にとって格段に有利な労働市場であることに変わりはない。理由がある。

16▼日本＝日本語の将来

16・1▼バイリンガルと世界大学市場

1　西欧の国民にとって、自国語とともに、英米語を話し・読むだけでなく、書くことさえ、至難ではない。これができてはじめて「知識人《インテリ》」といわれる、といっていい。

非西欧諸国でも、旧英米領（インド・エジプト・シンガポール等）ばかりでなく、韓国・中国やブラジル等の大学でも、英語の講義の比率がぐんぐん上がっている。

日本人は、英語を自在に使うことができない。だから世界の「大きな流れ《メガトレンド》」に乗り遅れているのだ、という主張がある。一理も二理もある。

ドルとともに英語が世界市場のビジネスで決定的な役割を演じることは間違いない。すでに日本でも世界市場に足場を築いた企業では、英語でビジネスする義務を課すところも現れている。

2　英語（世界標準語）と自国語のバイリンガル方式でゆくのなら、なにも問題ではない。だが中国のように、高い民族特有の文化伝統《カルチャー》をもっている国家と国民の知識層が、自国語《チャイニーズ》力を弱体化させいる。その先にあるのは、自国文化の衰弱であり、自国民《チャイニーズ》の特質を失ってゆくことに他ならない。事実、巨視的にも微視的にも、そうなっている。

3　言葉（言語）は、たんなるコミュニケーションの「道具」ではない。もしそうなら、日本人《ジャパニーズ》と日本語《ジャパニーズ》（を自在に操る人）を不可分に結びつける必要はない。自国語の将来は、自国民の将来と強く連結しているのだ。

韓国や中国の知識層の英語熱が、韓国語や中国語の衰弱に拍車をかけ、中国語しか話せない大衆《ネイティブ》と英語しか話さない（中国の歴史伝統に無関心な）エリート層に二分する。総体では、中国語が話せるか否かにかかわらず、高い歴史文化を誇った中国（人）が姿を消してゆく。もうすでに消しつつあるといってもいい、という疑念を持たざるをえない。

16・2▼日本（人）のバイリンガル

1　同じことは日本（人）でも生じる可能性があるのだ。たしかに、日本人が、ドイツ人やロシア人とことなり、日本語を立派に保持しながら、英語を自在に使用するようになるのは、難しい。しかし、つねにチャイナの風下におかれ、三度の欧風に曝されながらも、世界に誇りうる独自な文化（政治経済学芸生活）を保持してきたのが日本（人）だ。

これを将来とも守り育ててゆく大きな役割は、大学に課せられている。**大学と大学教授は、先陣をきり、先兵となって、２言語での教育研究を実践し、講義で生かしてゆく必然がある。**

2　もっとも、人工知能（ＡＩ）の急速な革新によって、「自動運転」車よりもかんたんに、「翻訳ソフト」で一定水準のバイリンガルがすべての日本人に可能になる、という展望が開けている。（そう、わたしは考える。）ま、日常・ビジネス会話や通信・契約程度はバイリンガルでなくとも可能になる。

3　しかし、そうであっても、司馬遼太郎の時代小説を翻訳し、その面白さを味あわせるソフトは、不可能とはいえないが、かなり難しいというか、当面できないだろう。

いずれにせよ、日本人、とりわけ日本の大学教授は、日本語とともに、英語＝世界標準言語の使用を必須とする時代のなかにいるのだ。英語による講義が必要である。そのためにも、日本語による講義の「内容」が、再検討され、英語で講義できる程度に、広くかつ深く研究される必要がある。

16・3▼日本の大学市場

1　日本の大学教授市場は、現在でも、非日本（語）人に対して閉鎖的だ。在日外国人（特に韓国人）には開かれているが、外国在住の非日本語人が、大学教授に新規採用になるのは、とても難しい。

ただし日英2言語教育システムの大学が、2000年開学した立命館アジア太平洋大学（別府市）をはじめ、いくつかある。立命ア・太平洋大では、外国籍教授が過半数で、授業料も高い。

2　日本の大学でも、東大や早大をはじめとして、英語での授業は増加している。外国人留学生のための講義やゼミにかぎらない。

ただし、授業では、日本人学生にも（ある程度）「わかる」ていどの表現が要求される。

専門に特殊なタームをやさしく解説する必要もある。これこそやっかいで、高度な教育実践といっていい。「小学生にもわかる専門授業」の一種なのだから。

3　日本の大学教授市場が閉鎖的だということは、日本人が大学教授になる有利な条件だ。こういえる。

日本の大学の外国人教授の割合は、5・2％である。日本で一番多く外国人教授を採用しているのが立大216人（26％）で、早大147人（11％）、慶大98人（6％）、東大は150人弱（6％　ただし助教は含まない）だ。オックスフォード大やケンブリッジ大の40％、ハーバード大やカリフォルニア大（バークレイ校）の30％と比較すると、少なすぎると思われるだろう。だが、単純な比較は意味をなさない。

17▼世界の中の日本人大学教授

1　欧米の大学で英語の講義は普通だ。学生が英語が読めて、書けるという「前提」で、専門教育が行なわれる。米国人が、スピノザ（羅語）研究を英訳でやり、博士論文を書いても、クレームはでない（だろう）。それに非英米人教授はすべて（といっていいほど）

英語に堪能とはいわなくても、普通に使える。

ドナルド・キーン（『日本文学史』）のような日本文学に通暁した（といわれる）人でも、日本語で自在に話し・書くことはむずかしい。キーンが、米人の前で英語で講義し、英語で話せ・書け、さらに日本文の卓越した書き手である小西甚一（『日本文藝史』）には、遙かにおよばない理由でもある。

2　日本人大学教授は、日本市場で「優遇」されているといっても、英語を免除されているわけでも、英語力を養わなくてもいいのではない。閉鎖主義に閉じこもれば、早晩、日本（国）も日本人も、日本人大学教授も、萎縮・衰弱してゆく。

日本人大学教授に与えられた課題は、日本人に与えられたと同じもので、自国語力を失わず、英語力をも身につけるという二重のトレーニングである。これを「苦行」と思わず、グローバル時代を生き抜く日本人の特質＝解決すべき課題だと思うことが重要なのだ。

3　この二重の課題の遂行こそ、日本人の大学教授がこれから担うことになる、新世界標準の行き方《ウェイ》である（と思う）。

ドルと英語を基軸にしつつ、自国通貨（円）と自国語（日本語）を守り育ててゆく、正道、あたりまえの道だ。

これはたしかに困難な道だ。だが、アメリカ式世界標準に組み敷かれ・すり潰されないためには、避けて通ることのできない道なのだ。大きくいって、日本人が日本人にとどまりつつ、世界標準の一翼を担うという、21世紀の課題、大学教授の課題だ。これはおそらく大学教授にしかできない特別任務に違いない。

VI 広き門より入れ！

18▼大学教授の門は大きく開かれた

1 1960年代まで、新任の大学教授（准教授・講師・助教・助手）になる「鍵」を握っていたのは、募集する大学の教授会メンバーであり、ポストを求める応募者の指導教授（助教授）であった。

公募が公開であろうと、「非」公開であろうと、指導教授や助教授の「指名」や「推薦」が、ざっくばらんにいえば、「押し」や「引き」がなければ、出身校はいうにおよばず、他校の大学に、自ら応募することは（ほとんど）できなかったのだ。つまり、大学教授ポストは「自由市場」ではなかった。

2　もちろん例外はあった。その例外の一人がわたし（鷲田）自身であった。

そのわたしは、友人の「コネ」（connections）で、友人が勤める短大の教授（専任講師）になることができた。「幸運」この上ない。

しかし、それでも「公募」であった。正確な数字は忘れたが、20人前後の応募（競争）者がいた（のではないだろうか）。

１９７４年に、公募（募集）→応募→書類審査→論文審査→面接審査→教授会決定のプロセスをへてのことだ。正式決定は、75年４月１日、辞令を受け取ったときだ。この決定プロセス（形式）は、基本的には、現在でも変わっていない。

3　１９７５年には、指導教授や助教授の「押し」がないのに、学生・院生が勝手（自由）に応募するケースは、特例だった。

しかし20世紀末には、通常ケースになる。日本の大学教授市場は、アメリカと同じように、通常の労働市場に、「自由」市場になった、と考えていい。

それでも、「押し」も「引き」もある。これを「悪癖」と考えるだけでは不十分だ。

大学の評価《バリュ》は、最終的には、よい教育サービスとすぐれた研究「実績」を提供する、教授たちの能力いかんによって定まる。こう思えるからだ。

公募（募集）する大学教授は、より良質の教授能力を獲得しようとして、優秀な研究徒を「引き」、応募する研究徒の指導教授たちは、教え子をよりよいポストに「押す」ことがなければ、結果、「悪貨が良貨を駆逐する。」ときに一個の腐ったトマトの混入が、一箱全部の健康なトマトを腐らす場合もある。

18・1▼公募

21世紀の現在、教授の推薦やコネがなくなったわけではない。しかし特殊な場合を除いて、「公募」になった。その公募に数種ある。

1 「一般」公開公募

21世紀は情報社会だ。オープンな「自由市場」社会だ。

現在、日本の大学教授（准教授・講師・助教・助手）の公募は、ＪＲＥＣ－ＩＮ〔ジャパンレック・イン〕（Japan REsearch Career Information Network　研究に関する職を希望する求職者情報と、産学官の研究に関する求人公募情報をそれぞれ収集・データベース化して、インターネットを通じて無料で提供）に集約され、全国・都道府県別に仕分けされ、一般公開されている。

その数もすさまじい。ＪＲＥＣ－ＩＮのサイトには、17年8月24日現在、全国で総数１１４８件の大学教員公募が登録されている。まさにだれでもアクセスできる、「一般《ひらかれた》」公募だ。

２　「部分」公開公募

インターネットが普及する以前、公募を「文書」で配布する、が一般であった。公募といっても、文書数も送り先も限定的だったのだ。ただし募集事情もあった。

大学教授職は、「自由市場」＝自由競争が原則だ。しかし、各大学・学部・学科が、必要とする専攻・分野・科目等を担う、適切で有力な候補者がいそうな大学や研究機関に、あらかじめ的を絞って、優先して公募情報を伝えるケースがある。あって当然だ。

このケースでは、「公募」文書を、特定の学部・学科、ときには研究室宛てに送ることが多い。その文書類は、各学内教授専用の掲示板あるいはサイトに「公開」される。

３　「建前」公募

大学教授の人事である。開かれている必要がある。形の上では、「一般」あるいは「部分」公募をする。しかし建前だ。有力候補者がすでに存在するからだ。これをただちに

「闇」人事とみなすべきではない。

ときに、あるいは時々、面白いことが起こる。1人、あるいは数人、候補者を絞って選考すればすむばかりになっていたケースだ。ところが一般公募のなかに「逸材」というか、実績十分な応募者が混じっていた。結果、新たに1人くわえて、セレクションすることになる。決着は、既定路線の場合もあれば、新人材に決まる場合もある。わたしの経験では、コネのなかった新人材が選ばれるケースが多かった。

4 「非」公募

これも稀なケースではなく、ある、と知っておくべきだ。

(1)「引き抜き《ヘッドハンティング》」だ。南部陽一郎（素粒子論　ノーベル物理学受賞）を、超一流大でも、「公募」で選考するなんてことは、できない相談だ（ろう）。

(2)「闇」選考だ。「抜擢」といえばいい響きだが、「選考」なしの「闇」人事だ。こういう人事をやる大学に、いいタレントは集まらない。衰退の因になる。

(3)だが、総じて、大学の人事は開かれている。最終的には「投票」で決まるからだ。もちろん「メダカは群れる。」群れて「不善」をなすケースも少なくない。

18・2▼担当科目にこだわらない

自分の「専攻」や「研究課題」にぴったりの公募条件なら、応募しよう。そうでなければ講義や演習をこなす自信はない。公募に応じるわけにはいかない。

こう思っている人がいるだろう。ごもっとも、といいたいが、そんなわけにはいかないのだ。むしろ専攻した専門分野にぴったりの担当科目など、ほとんどない、と思ったほうがいい。

たとえばだ。

公募（要項）
1. 採用職名：教授、准教授または専任講師
2. 所属学科：社会学科
3. 専攻分野：文化人類学
4. 担当授業科目：文化人類学、社会文化システム論基礎演習、社会文化システム論演習Ⅱ・Ⅲ、社会調査および実習、第二部文化学演習

＊これ以外に研究業績内容に相応しい学科専門科目や大学院科目を担当していただくことで担当科目の調整を行うことがあります。
＊第二部の授業も担当していただきます。

1　ここでまず選考の対象となるのは、メインの担当科目文化人類学だ。次いで、その科目を担当するにたる実績（専門業績）があるかどうかだ。大枠、自分の専攻が、メインの担当科目に部分的に重なるならば、この公募条件に合致する（といっていい）。したがって積極的に公募に応じるべきだ。

2　人類学（anthropology）とは人間学（humanity）＝人間に関する学問のことだ。あらゆる分野を含む。これを逆にいえば、政治学も人類学的アプローチが可能ということだ。「文学」も「医学」もだ。

研究者になろうと思うなら、学徒の時代から、意識的に学的関心を専門的に深めてゆくと同時に、関心事を思いっさり広げてゆくことが必要になる。

そういうば、「素粒子論」は、宇宙の究極の構成物質を解明してゆくことを課題にする。だが同時に宇宙全体の法則性や変容に関心を向けざるをえなくなる。宇宙素粒子論へだ。

3　専門性を前面に押し出すスタイルで、「一般教育《ジュニア》」科目を担当するのは、よほどの名人は別として、一般学生むきではない。
比喩的にいえば、専門という限定された「窓」や「格子」を通して、広い世界をつかまえる、という手法でゆくほうが適している。したがって、一般教育には、非専門にかんする知見の蓄積が問われる、といっていい。
4　一方、専門演習では、専門性や自分の関心を存分に押し出してもいい。文化人類学は、いわば何でもありである。ジャンルを問わない。森羅万象に関して、文化人類学的アプローチを行なえばいいのだ。

18・3▼非常勤講師で実績をかせぐ

大学は、大学バブルが潰れたあと、教学の充実、経営のスリム化もあって、非常勤講師が担当してきた科目数を大幅に減らしてきた。それでも、大規模・小規模の大学を問わず、非常勤講師なしで、必要な科目をまかなうのは、至難だ。大学はあいかわらず大量の非常勤（パート）を必要としている。

かつて、非常勤講師の採用は、最終的には教授会の決定事項であったが、必要とする科目に関連する専任教授（准教授・講師）に、ほぼ任されていた。これは、非常勤の担当科目（の割合）が減った現在も基本的に変わらない。しかしネット社会である。非常勤講師の「公募」もネット上に公開されている。前述のＪＲＥＣ－ＩＮやインディード（Indeed）等のサイトでだ。件数や求人数もまだ限定されているが、それでも当たりをつけるには好便だ。

いくつか要点をあげてみよう。特別とはいえないが、貴重だ。

1　「仕事」を選ばない。

これは〈18・2〉と事情は同じである。それに、非常勤講師になるのは、専任（教授）になるより、はるかにハードルが低い。まず、非常勤講師からはじめて、スキルを磨くチャンスにする。（わたしも27歳から7年間、定職に就くまで非常勤でしのいだが、主としてドイツ語、そして哲学・倫理学を担当させてもらい、スキル・アップを図ることができた。）

2　「実績」になる。

非常勤講師は、パートである。採用ハードルは高くない。長年勤めても、専任に「昇格」するチャンスは、ほとんどない（と思いたい）。

専任になるには、募集に応じ、選考審査を通らなければならない。あくまでも応募者の一人《ワン・ノブ・ゼム》だ。

だが少なくとも、どこに応募しようとも、「教育担当能力」があるという「実績」にはなる。これは、選考過程で競争相手と比較された場合、研究能力（論文）が同じだとすると、クビ一つ有利な材料（証拠）になる。

3　ときに「大学紀要」等へ投稿可能になる。

非常勤講師といえども、科目担当者だ。たんに授業を担当するだけでなく、学生の成績評価をつける。担当科目の研究能力を有するものとみなされる。この点では「教育」者としてだけではなく「研究」者とみなされるわけだ。

だから大学によっては、研究誌（紀要等）への投稿を、非常勤講師にもオープンにしているところがある。つまり、ここで研究論文「実績」を積むことが可能になる。

4　「公募」等、全国からの研究・教育情報が入手できる。

大学の多くは、非常勤講師を、教育と研究の一員として扱い、さまざまなサービスを行なう。授業のための資料作り、図書館（収納文献）や共同研究室の利用、専任教授との交流等々だ。

特に共同研究室には、全国の大学から送られてくる学会や公募情報がオープンにされている。ここからさまざまな公募、留学、研究交流等、生の情報を入手する貴重なチャンスが開かれる。とても貴重だ。

あとがき

『大学教授になる方法』（青弓社　1991）は、拙著の中で、もっとも印象深い本だ。

1つは、よく売れた。さまざまな意味で、わたしを「広い世界」に連れていった。1990年代、バブルは潰れたが、わたしの職域である「大学」も文筆を可能にする「出版界」も、バブルは続いていた。2つは、文字どおり未知の「人と世界」の扉を開いた。ビジネスマンとその世界であり、この世界と隔絶した地中海を中心とした聖地巡礼の旅だ。多少とも錯覚を伴っていたとはいえ、わたしは新しいステージに立つ自分を見た。

同時に、この本は、大学という職域に立て籠もる、ないしは閉じこもる生き方とは異なる方向へ、わたしを誘った。ようやくわたしは自分自身の「世界」と「主著」をもたなければならない、と決意することができた。試行錯誤に満ちた長い道のりではあったが、ようやく『日本人の哲学』（言視舎　全5巻全10部）を、2017年、完成することができた。そして「最終版」と銘打った本書だ。じつに印象深い。

「大学が、なによりも大学教授が変われば、日本は変わる。」この標語は、「空語」ではない。初版から最終版までを貫くわたしの確信だ。いま独立の著書だけを抜き出しみよう。本書で7冊になる。

『大学教授になる方法』、『大学教授になる方法　実践編』、『新　大学教授になる方法』、『鷲田小彌太の海外留学入門』、『社会人から大学教授になる方法』、『こんな大学教授はいりません』

「作家・鷲田小彌太は何ものか?」と問われたら、その質と量の双方において、「大学教授になる方法の著者です。」と答えたい。だから大学教授の質と量の進化こそが社会革新の原動力なのだ、と説くことをやめない。20万人の1割2万人が変われればだが、まずは1%2000人が変わる必要がある。私見では、すでに変わった。こういいたい。

ただし、現状認識と技術(how to)をともなわない「主張《テーゼ》」は空語にすぎない。大学=「大量倒産」「冬の時代」「氷河期」「限界集落」等々はイマーゴ(虚語)だ。まずこれを払拭すべし。

2017年9月末日　　馬追山を去る準備の日々に　　鷲田小彌太

[著者紹介]
鷲田小彌太（わしだ・こやた）
1942年、白石村字厚別（現札幌市）生まれ。1966年大阪大学文学部（哲学）卒、73年同大学院博士課程（単位修得）中退。75年三重短大専任講師、同教授、83年札幌大学教授、2012年同大退職。
主要著書　75年『ヘーゲル「法哲学」研究序論』（新泉社）、82年『書評の同時代史』86年『昭和思想史60年』90年『吉本隆明論』（以上　三一書房）、91年『大学教授になる方法』（青弓社）、96年『現代思想』（潮出版社）、2007年『人生の哲学』（海竜社）、2012年（～17年　全5巻全10部）『日本人の哲学』15年『山本七平』17年『生きる力を引き出す 超・倫理学講義』（以上 言視舎）ほか、ベストセラー等多数。

本文DTP制作………勝澤節子
編集協力………田中はるか
イラスト………工藤六助

【最終版】大学教授になる方法

発行日❖2017年10月31日　初版第1刷

著者
鷲田小彌太
発行者
杉山尚次
発行所
株式会社言視舎
東京都千代田区富士見 2-2-2 〒 102-0071
電話 03-3234-5997　FAX 03-3234-5957
http://www.s-pn.jp/
装丁
山田英春
印刷・製本
中央精版印刷㈱

ISBN978-4-86565-106-5 C0036